KNAUR

Über die Autorin:
Lotte Kühn ist das Pseudonym der Berliner Autorin Gerlinde Unverzagt, die bereits zahlreiche Bücher zu den Themen Erziehung und Bildung veröffentlicht hat. Als Lotte Kühn landete sie mit dem *Lehrerhasser-Buch* einen Bestseller, der ein riesiges Medienecho auslöste.

Lotte Kühn

Das Lehrerhasser-Buch

Eine Mutter rechnet ab

KNAUR

Dieser Titel erschien im Knaur Taschenbuch Verlag 2005 bereits unter der Bandnummer 978-3-426-77834-0.

Besuchen Sie uns im Internet:
www.knaur.de

FSC
www.fsc.org
MIX
Papier aus verantwortungsvollen Quellen
FSC® C083411

Vollständige Taschenbuch-Neuausgabe Juli 2014
Knaur Taschenbuch

Umschlaggestaltung: ZERO Werbeagentur, München
Umschlagabbildung: FinePic®, München
Satz: Adobe InDesign im Verlag
Druck und Bindung: CPI books GmbH, Leck
ISBN 978-3-426-78671-0

2 4 5 3 1

Meinem guten Stern am deutschen Agentenhimmel,
Frau Sigrid Bubolz-Friesenhahn, gewidmet – ich danke Ihnen,
liebe, gnädige Frau, für Ihre Umsicht, Ihre Beharrlichkeit
und Ihren Humor, mit dem Sie auch dieses Buch
auf den Weg gebracht haben.
L. K.

Inhalt

»Die Lehrer haben die entsagungsreiche Aufgabe, Grundtypen der Menschheit zu verkörpern, mit denen es der junge Mensch später im Leben zu tun haben wird. Groß tritt dem jungen Menschen in der Schule in unvergesslichen Gestaltungen der Unmensch gegenüber. Dieser besitzt eine fast schrankenlose Gewalt. Ausgestattet mit pädagogischen Kenntnissen und langjähriger Erfahrung, erzieht er den Schüler zu seinem Ebenbild.«

BERTOLT BRECHT, FLÜCHTLINGSGESPRÄCHE

1. Kapitel

Aller Anfang ist leicht: der erste Schultag

»Pssstt«, wispert die Dame da vorne ins Mikrophon, und noch einmal etwas energischer »Psssttt«, bis das Geraune verstummt. Frau Dorothea Sonnenstich, die Schulleiterin der Lilienweiß-Grundschule, hebt die Brauen, macht runde Augen und legt die beringte Hand ans linke Ohr. Während ihre Rechte das Mikrophon umklammert, schnellt unvermittelt der Zeigefinger empor, als sie sagt: »Ich kann jetzt viele, viele Herzen klopfen hören …« Bedeutungsvolle Pause. Es ist mucksmäuschenstill im Saal.

Vorne auf zwei Stuhlreihen sitzen etwa sechzig kakelbunte Kinder, zwischen ihnen ragen riesige Schultüten mit prachtvollen Schleifen auf. Vor jedem Kind steht ein großer Schulranzen, alle funkelnagelneu, das Stück zwischen neunzig und hundertdreißig Euro teuer. In diesem Jahr haben Petterson und Findus, der Hase Felix und das rosafarbene Barbie-Ränzchen das Rennen auf die Tornister gewonnen. Piraten, Delphine und Bob der Baumeister, die Favoriten unter den Bildmotiven meiner letzten drei ersten Schultage sind jedenfalls weit abgeschlagen. Nur hier und da noch ein versprengter Regenbogenfisch, der mit seinen Glitzerschuppen geizt und im Bilderbuch, als Abziehbild und neuerdings auch über eine bunte CD mit lustigen Fischliedern die Botschaft quietschsüß rüberbringt: Wenn du irgendetwas Besonderes hast, um das die anderen dich beneiden, weil sie selbst es nicht haben, musst du's abgeben. Sonst wirst du bittereinsam sein, weil keiner mit dir spielen will. Und das wollen wir doch nicht so gerne, knurrt die Krake mit erhobenem Fangarm, die das ausgegrenzte Glitzerfischchen um einen guten Rat angeht: Sei wie alle anderen, und alles wird gut.

Wenn die soziale Prozedur, die den Glitzerfisch zum Normalo-Fisch macht, im Bilderbuch ihr Ziel erreicht hat, dann sehen sie alle gleich aus: normal fischig eben und jeder mit einer schillernden Schuppe ausgestattet.

An der Grundschule meiner vier Kinder ist die leidige Geschichte zum ersten Mal uraufgeführt worden. Damals hatte ich zum zweiten Mal im Leben einen ersten Schultag. Und alles ging wieder von vorne los. Der Geruch in den Fluren. Die klinkenlose Tür des Lehrerzimmers. Und die Lehrer mit ihren roten Kugelschreibern und gereckten Zeigefingern und merkwürdigen Schrullen, auf die man sich besser punktgenau einstellt, wenn man an der Schule Land sehen will.

Fernes Echo aus der eigenen Schulzeit

Viele Menschen haben verworrene Erinnerungen an ihre Schulzeit. Doch wenn das eigene Kind in die Schule kommt, tauchen sorgfältig verdrängte Ereignisse und peinliche Begebenheiten in schmerzlicher Klarheit wieder auf.

Da flüstern in der Ecke ein paar Mitschüler über das komische Kleid, das deine Mutter dir heute Morgen angezogen hat. Und du fühlst dich blamiert bis auf die Knochen. Da klaut dir jemand den Anspitzer, du willst ihn dir wiederholen, wirst an den Haaren gezogen und schreist auf. Prompt bestraft die Lehrerin ungerechterweise die Falsche, dich nämlich, weil sie nicht genau gesehen hat, was eigentlich passiert ist. Da hat ein Mitschüler deinen Pullover im Klo versenkt. Und die Lehrerin zwingt dich, das nasse Ding anzuziehen, und schickt dich nach Hause. Da schleichst du bangen Herzens morgens an den Frühstückstisch, und deine Mutter mustert dich mit kaltem Glitzern in den Augen, den Mund zusammengepresst. Gestern abend war Elternsprechtag, und was sie von der Lehrerin über dich erfuhr, hat ihr nicht sonderlich gefallen.

Alte Ängste sind auf einmal bedrückend gegenwärtig: Da geht man als selbstbewusster Erwachsener in die Schule, um den Klassenlehrer zur Rede zu stellen, und ein Hauch von dem altbekannten Geruch in den Fluren reicht, um uns wieder zu nervösen kleinen Kindern zu machen, die mit hochgezogenen Schultern erwarten, für irgendetwas zur Rechenschaft gezogen zu werden, zu Recht oder zu Unrecht. Wir wollen diese Ängste natürlich nicht auf unsere Kinder projizieren und fahnden in den Augen der ältlichen Lehrerin nach Zeichen von weicher Milde, großer Güte und einem unerschütterlichen Gerechtigkeitssinn, lassen prüfend den Blick über die Schulklos wandern und zucken zusammen beim Ertönen des Schulgongs. Voller Mitgefühl zittern wir beim ersten Schultag, während wir tapfer versuchen, das Kind auf all die schönen selbstgemalten Bilder an den Wänden hinzuweisen und seine Aufmerksamkeit auf das viele Spielzeug in den Klassenzimmern, die vielen netten anderen Kinder und die freundliche Lehrerin zu lenken. Doch im Grunde unseres Herzens eint uns über alle Schichten und jedes Alter hinweg der Glaube an die Unfähigkeit des Lehrers. Die tiefenpsychologischen Gründe dafür sind auch ohne Diplom zu verstehen. Das eigene kindliche Ausgeliefertsein an die übermächtige Institution Schule, die Knechtschaft nach Noten.

Und mit dem ganzen Ensemble von schrulligen, ungerechten, sadistischen Lehrern hat ja nun jeder seine Erfahrungen gemacht. Deshalb ist jeder Mensch, der jemals eine Schule besucht hat, ein Experte auf dem Gebiet der Lehrerbeurteilung.

Wir betreten also klammen Mutes den Mehrzweckraum, der zu unseren Zeiten noch Aula hieß, und treffen auf alte Bekannte. Ohrläppchenziehen, Backpfeifen, In-die-Ecke-Stellen und Strafarbeiten sind heute mega-out. Furchteinflößende Autorität und Willkür wie früher gibt's nicht mehr. Dafür reist die gemeine Grundschullehrerin von heute auf dem Wir-haben-uns-alle-lieb-Ticket durch alle Klassen, von nichts anderem getrieben als der eigenen emotionalen Bedürftigkeit.

Mehr als alles andere will sie gemocht und nett gefunden werden. Von den Eltern, damit die sie nicht mit Fragen,

Widerspruch und Mitbestimmungswünschen traktieren und sich darauf beschränken, bei passender Gelegenheit fassungsloses Staunen und Bewunderung zu simulieren, wenn gemeinschaftlich ein Liedchen wie etwa *Der Cowboy Jim aus Texas* vorgetragen wird: »Also, wie Sie das immer wieder schaffen, diese ganzen Kinder unter einen Hut zu kriegen …«

Von den Kindern will sie noch dringender gemocht werden, weil wenig das Ego so streichelt und stabilisiert wie die Anhänglichkeit und liebende Bewunderung von kleinen Kindern, über die man noch dazu das Sagen hat. Deshalb setzt sie auf emotionale Nähe und Beziehung, hält sich dabei an den Kindern schadlos und unterschlägt selbst noch die simpelsten Sachverhalte über die eigentliche Arbeit an der Schule: dass man sogar das Lernen nur lernt, indem man etwas lernt.

Schule könnte so schön sein – mit guten Lehrern

Mir blieb damals in den ersten Grundschulwochen meines ersten Sohnes Johannes wie den anderen Müttern nur eines: den Lehrern zu vertrauen und darauf zu hoffen, dass dieses neue Lernen, von dem da so viel die Rede war und das mir durchaus intelligenter erschien als die Paukerei, die ich durchgemacht habe, bei den Kindern den Wissensdurst wecken würde, ohne den nichts Großes erreicht und nichts Bleibendes geschaffen wird. Lust am Verstehen wecken, anstatt zum Lernen zu zwingen – ja, das hätten wir gerne gehabt. Meinetwegen im Projektunterricht, in Gruppenarbeit und nicht mehr frontal, ohne Noten, sondern mit verbalen Beurteilungen.

Wie die Experten fürs Lernen das nun zuwege bringen wollen, hätte ich getrost ihnen überlassen wollen. Ich war voller Hoffnung bei dem Gedanken, dass ich miterleben dürfte, wie mein Kind sich spielerisch den Zahlenraum bis hundert erobern und sich voller Schaffensfreude das Wunder des ganz eigenen schriftlichen Ausdrucks aneignen würde. Für diese Hoffnung gab es durchaus gute Gründe: Schließlich hatte ich in den Jahren vor der Schule sehr wohl mitbekommen, wie stark Neugier und Lernvermögen den Menschen angeboren sind und die Wissbegier höherer Primaten, besonders ihrer Kinder, geradezu ein Wesensmerkmal ist. Menschenkinder sind da keine Ausnahme, wenn man von älteren Schulkindern einmal absieht. Bevor sie in die Schule kommen, stellen sie Fragen wie: »Aber, Mama, wenn der Mond ganz trocken und steinig ist, warum leuchtet er dann?« Wenige Jahre später dann, der Erdkundelehrer hat gerade das Abfragen der uns umgebenden Planetennachbarn angeordnet, schnauben sie verächtlich und winken ab: Mir doch egal, wie die Dinger da oben heißen.

Dass sie das Lernen lernen mögen – ein guter Plan, so schien mir, denn die Erfahrung, dass man auf einem Gebiet wirklich lernen kann, schien mir unendlich viel wichtiger als die Erfüllung der Normen, die dem Wasserkopf einer wirklichkeitsentwöhnten Schulbürokratie entsprungen sind.

Mittlerweile hat sich herumgesprochen, dass der Krieg zu gefährlich ist, als dass man ihn den Militärs überlassen könnte. Eine ähnliche Einsicht steht uns für die Schule noch bevor: Das Lernen ist zu wichtig, zu nahrhaft und als Prozess zu empfindlich und störanfällig, als dass man es nur der Schule und ihren beamteten Lehrern überlassen dürfte.

Am liebsten würde ich mir meinen kleinen Jungen da vorne schnappen und weglaufen. Das ist natürlich ein sehr privater Gedanke – aber: Warum übernehme ich die Aufgabe, ihm Lesen, Schreiben und Rechnen beizubringen, nicht selbst? Dem Stoff der Grundschule darf man sich ja wohl noch intellektuell halbwegs gewachsen fühlen. Doch in Deutschland funktioniert die Schulpflicht ortsgebunden. Es kann einem von Geldstrafe bis Gefängnis ungefähr alles passieren, wenn man sich weigert, sein Kind in eine staatliche Schule zu schicken, weil man es vor Schaden bewahren will. In Dänemark, Frankreich und Großbritannien gibt es anstelle der staatlich verordneten Schulpflicht nur eine Bildungs- oder Unterrichtspflicht. Dort darf Hausunterricht an die Stelle des Schulbesuchs treten. Aber jetzt ist es für einen Umzug sowieso zu spät.

*

Jedes zweite Schuljahr in dieser Grundschule beginnt mit der feierlichen, stets höflichen Beifall erntenden Aufführung der Drittklässler; die, als Einzelwesen entweder im Schuppen-Outfit oder als exotischer Vogel gewandet, allein in der afrikanischen Savanne zu einer Horde anderer Vögel stoßen und dann vom prachtvollen Einzelwesen zum unspektakulären Gruppenmitglied avancieren, sofern sie bereit sind, sich den herrschenden Regeln zu unterwerfen und etwas Eigenes, Einzigartiges von sich abzugeben. Diesbezügliche Unterweisung erhält der Paradiesvogel von einer alten Kröte, die aus dem Wasserloch heraus das muntere Treiben der Vögel beobachtet. Viel kostümschneidernder Aufwand engagierter

Mütter wird alljährlich aufgeboten, um den Newcomern schon mal atmosphärisch klarzumachen, wo es in den Pausen und der Zeit dazwischen langgeht. Bloß nicht auffallen, sondern unauffällig mitfliegen im Schwarm und höchstens ab und zu mal ein bisschen leuchten. Aber nie so, dass die anderen neidisch werden könnten.

Wenn ich nur ein bisschen mutiger wäre, würde ich vorschlagen, die Geschichte von Prokrustes, dem Prototypen aller Gleichmacher, im Grundschultheater zur Bühnenreife zu bringen. Prokrustes war zu den Zeiten, als das Wünschen noch geholfen hat, ein alter Riese, der jeden Wanderer mit den schönsten Versprechungen in sein Haus lockte, um sich ihn dann zu schnappen und in sein Bett zu legen. Wer kurz war, den streckte und dehnte er so lange, bis er passte. War einer zu lang, hackte er ein Stückchen ab, damit er das Bett genau ausfüllte.

Das ganze Schulsystem ist wie ein Prokrustesbett, in dem Kinder mit pseudopädagogischem Getue gleichgemacht werden. Das fängt schon mit der Bonbonfrage vor Klassenfahrten an. Da schreitet die Lehrerin mit der Miene eines Großinquisitors von Kind zu Kind und sammelt alle Süßigkeiten ein. Kinder, die schon längst höchst verantwortlich mit ihrem Konsum von Zuckerzeug umgehen und sich ihre Schätze vernünftig einteilen können, verstehen die Welt nicht mehr – und fühlen sich zu Recht düpiert. Was die Lehrerin natürlich nicht kapiert und streng verordnet, dass alles eingesammelt wird und hinterher in genauer Dosierung von ihr als Belohnung verabreicht wird. Von kreativer Ungleichheit, dem einzigen Pfad zur Gerechtigkeit, hat sie noch nie etwas gehört. Oder: Da hat man sorgsam und geduldig ein System der Taschengeldzahlung etabliert, das die wöchentliche Auszahlungssumme um zwei Euro erhöht – unter der Bedingung, dass die Ausgaben für Hefte, Spitzer und Stifte davon bestritten werden. Ein schöner Weg, um Kinder frühzeitig zum verantwortungsvollen Umgang mit dem eigenen Budget anzuleiten. Und dann besteht die Lehrerin darauf, persönlich die Hefte für alle zu kaufen, und kassiert dafür monatlich fünf Euro von den Eltern. Schade eigentlich. Denn das Kind kauft fortan nur noch Zuckerzeug am Kiosk von seinem Geld.

Jeder kriegt dasselbe, aber keiner kriegt, was er braucht. Weicht ein pfiffiges, quicklebendiges Kind vom statistischen Durchschnittswert ab, gilt es als auffällig und wird so lange mit pädagogischen Maßnahmen traktiert, bis es dem Durchschnittswert entspricht. Kinder, deren Entwicklungsstand noch nicht den Normwert erreicht hat, werden in fürsorglicher Belagerung so lange gedehnt, bis sie mit Ach und Krach und achselzuckend an die Folgeschule weitergereicht werden, wo ihr weiterer Werdegang dann nicht mehr interessiert – jedenfalls nicht den, der bis dahin dafür verantwortlich war, was das Kind gelernt hat und was nicht. Aber auch wenn die Abweichung eines Kindes vom Normalen in Grenzen bleibt, wird ihm im Unterricht etwas aufgezwungen, das weder kindlichem Lernverhalten noch biologischen Lernvoraussetzungen entspricht.

Allein schon das blödsinnige Sammelsurium von Fächern, das im Fünfundvierzig-Minuten-Rhythmus auf die Kinder einprasselt und das rund dreizehn Jahre lang sechs Stunden täglich in geschlossenen Räumen stattfindet – fast überall fehlt die notwendige tägliche Schulstunde für Sport und Bewegung. Warum es eigentlich kein Fördern für Sport gebe, hat mein Sohn einmal beim Zeugnisgespräch am Ende der zweiten Klasse seinen Sportlehrer gefragt. Eigentlich logisch, denn er hatte längst mitbekommen, dass alle Kinder, die irgendetwas nicht gut können, morgens in der nullten Stunde zum Förderunterricht gehen und da eine Extraportion Unterricht bekommen. »So wie Mustafa, damit der Deutsch lernt«, hatte er noch erläutert. Süffisant in meine Richtung grinsend, beugte sich Herr Stulle da ganz tief hinunter, um ihm tief und bedeutungsvoll in die Augen zu schauen. »Da musst du mal die Regierung fragen, warum sie den Lehrern kein Geld dafür gibt, dass sie mit euch Sport machen können«, mehr hat ihm dieser kindertümelnde Superpädagoge nicht antworten können.

Jaja, die böse Regierung, die den armen Lehrern das Leben schwermacht, die ist für alles verantwortlich. Das jedenfalls erzählen sie schon in der Grundschule den Kindern zu jeder Gelegenheit. Ob die Kreide alle ist oder die Klassenfahrt ausfällt und die Fußball-AG gestrichen wird, weil der Lehrer das nicht mehr bezahlt bekommt – immer ist die böse Regierung schuld, die der Schule das Geld wegnimmt. Obwohl das höchstens die halbe Wahrheit ist, finden die Kinder die Regierung dann total gemein und sind sofort bereit, ihren Lehrern zuliebe etwas dagegen zu unternehmen. Eine Demo zum Beispiel, die dann ungefähr zweihundert Kinder zum Rathaus führt, wo sie auf Transparenten ihr Recht auf Bildung oder Religionsunterricht oder Nachmittagsbetreuung einfordern.

*

Das vermeintlich hörbare Herzklopfen, mit dem die Schulleiterin zu Beginn ihrer Rede wirklich tief in die rhetorische Trickkiste gegriffen hat, ist von vorgestern. Seit Jahr und Tag hält sie denselben Vortrag. Außer mir merkt das wahrscheinlich kaum einer, weil die meisten nur ein Kind und deshalb auch nur einmal im Leben ersten Schultag haben – außer dem eigenen vor vielen, vielen Jahren.

Sind es etwa Kinderherzen, die da so laut klopfen? Alle mal herhören: »Sie fragen sich jetzt ganz sicher«, strebt Frau Sonnenstich dem vorläufigen Höhepunkt ihrer Rede entgegen, in den Augen ein bemüht verschmitztes Wohlwollen, das die Spannung noch ein klitzekleines bisschen steigern will, »ob Ihre Kinder sich hier wohl fühlen werden? Ob sie andere nette Kinder kennenlernen werden, ob sie Freunde finden werden? Ob ihnen das Lernen Spaß machen wird und sie sich an dieser Schule gut einleben werden? Ob die Lehrerin lieb sein wird? Ob sie hier wirklich Lesen, Schreiben und Rechnen lernen werden?«

Was wie ein weiteres rhetorisches Mätzchen klingt, das die Schulleiterin mit routiniertem Charme an diesem großen Tag vorträgt, ist in Wirklichkeit eine verdammt gute Frage, die ihre ganz ureigene Berechtigung allerdings erst nach und nach offenbart.

*

Dass mein Kind hier Lesen, Schreiben, Rechnen lernt – genau das hätte ich als Steuerzahlerin und Mutter von der Institution Grundschule doch eigentlich erwartet. So etwa: Der Lehrer verpflichtet sich, das Beste für mein Kind zu tun.

Das heißt in diesem Fall, das Kind mit den Grundlagen so weit vertraut zu machen, dass die Alphabetisierungsquote nach sechs Schuljahren die Hundertprozentmarke wenigstens streift und ein Fundament an Kulturtechniken gelegt ist, das trägt, was immer den Kindern künftig blühen mag. Wer nicht lesen, schreiben und rechnen kann, wird schließlich weder aus der Tageszeitung noch aus seinen Kontoauszügen ein Bild über seine momentane Lage gewinnen können noch die grammatischen Unwägbarkeiten der eigenen oder einer fremden Sprache meistern, geschweige denn in der Lage sein, den Fragebogen für Hartz IV auszufüllen.

Das wünschen sich Eltern vom Lehrer: dass er die notwendigen Grundfertigkeiten im Unterricht vermittelt, weil er sein Handwerk versteht. Streng oder nicht so streng – das ist mir eigentlich schnuppe. Hauptsache, er begegnet dem Kind mit freundlichem Respekt und würdigt seine Fortschritte wie Rückschläge im Schriftspracherwerb, den Grundrechenarten und der Lesefähigkeit mit professioneller Fairness, die jenseits von persönlichen Sympathien, Tagesform und anderen Befindlichkeiten eine gewisse Verlässlichkeit erkennen lässt. Hauptsache, er fehlt nicht dauernd, weil er sich bei der Gartenarbeit den Rücken verstaucht hat, oder somatisiert nicht hingebungsvoll, wenn ihn Zweifel über den Sinn seines schulischen Tuns und des Lebens überhaupt plagen, und bleibt dann wochenlang im Bett.

Ein Lehrer, der seinen Job gut und vor allem gerne macht – dafür zahle ich doch Steuern und liefere Tag für Tag pünktlich um acht Uhr ein sattes, ausgeschlafenes, sauber gekleidetes, halbwegs gut erzogenes und mit dem notwendigen Equipment versehenes Kind am Schultor ab. Dafür wird er vom Staat ausgebildet, eingestellt und mit einem sicheren Job und vielen komfortablen Privilegien ausgestattet. So etwa habe ich die Geschäftsgrundlage verstanden, als mein erstes Kind in die Schule kam.

Und nicht so: Dass ich von überbehütenden Grundschullehrerinnen, deren ständiger Aufenthaltsort mit »aus dem Häuschen« angegeben werden kann, als Hilfslehrkraft eingespannt werde, weil sie selbst zu sehr damit beschäftigt sind, aus jeder Mücke einen Elefanten zu machen, und deshalb die eigentliche Herausforderung übersehen, die darin besteht, dem Kind das kleine Einmaleins nahezubringen, oder beharrlich zögern, einen Viertklässler mit wenigstens einer einzigen Kommaregel vertraut zu machen. Weshalb ich an die tausendmal den Unterschied zwischen »das« mit einem oder zwei s erklären muss. Jahrelang! Und kein Ende in Sicht. Das letzte Mal übrigens vor zehn Minuten, als mein Neuntklässler mir vertrauensvoll die Deutsch-Hausaufgabe zum Korrigieren auf den Küchentisch legt.

Haben wir dafür nicht die Schule erfunden? Ist es etwa nicht die Aufgabe von Grundschullehrern, den Kindern den Unterschied zwischen »das« mit einem oder zwei s beizubringen? Warum nennen sie das Ding sechs Schuljahre lang »Wiewort« und stiften beträchtliche Verwirrung beim Übergang in die Oberschule, wenn dort verkündet wird, es heißt ab heute »Adjektiv«? Weil sie Kindern, die sich in einer großen Hofpause mühelos vierundzwanzig Biographien von Pokémon-Figuren merken können, nicht zutrauen, ein einziges Fremdwort im Kopf zu behalten? Warum passiert in der Veranstaltung ab dem dritten Schuljahr, die sie Englisch-Unterricht nennen, nichts anderes als das wochenlang wiederholte Absingen von *Old MacDonald had a farm?* Und das in einem Alter, in dem die meisten Großstadtjungs allein schon durchs Mithören das Liedgut von Eminem aufsagen können, auch ohne wirklich darum gebeten zu werden?

Der zehnjährige Goethe beherrschte drei Sprachen neben der eigenen, und zwar in Wort und Schrift. Zugegeben, der Bub war wohl besonders helle. Aber er hatte wohl auch einen Lehrer, der die strahlende Auffassungsgabe kleiner Kinder in ihm erkannt, ihm etwas zugetraut und ihm etwas abverlangt hat. Oder gar eine Mutter, die ihn unterrichtet hat? In der Grundschule von heute wäre er baden gegangen mit all seinem Talent.

Den Geniefaktor beiseitegelassen – viele Eltern erleben die Verwandlung ihrer intelligenten, eifrigen, originellen und sensiblen Fünfjährigen (sind sie das nicht alle?) zu lustlosen, mürrischen und gleichgültigen Schülern, die keine nennenswerten Leistungen mehr vollbringen, mit beträchtlicher Beunruhigung, leisem Bedauern und manchmal laut geäußerter Empörung. Deshalb graut es ihnen so sehr bei der Vorstellung, ihr Kind in einer Institution abliefern zu müssen, deren Vertreter die meisten Wünsche unerfüllt lassen und kaum eine Hoffnung einlösen, die sie anfangs noch so vollmundig in den Raum geworfen haben. Die als gestandene Frauenspersonen auf dem Direktorenposten am Rednerpult fröhlich verkünden, dass hier auch die Lehrer immer noch ganz viel lernen würden. Wenn aber alle Lernende sind, leuchtet doch nicht unmittelbar ein, warum nur die älteren unter ihnen bezahlt werden, die anderen aber nicht.

Hallo, Kinder, jetzt geht's los … ja, was eigentlich?

Eigentlich fühle ich mich nach Strich und Faden verarscht, weil am Ende der sechs Grundschuljahre Schulkinder herauskommen, die in der Schule nicht das lernen, was sie können müssen. Aber heute reißt mich die Herzklopfen-Rede der Schulleiterin aus meinen trüben Gedanken. Da vorne geht's jetzt richtig zur Sache. In die Riege aus ganz lieben Lehrerinnen und ihren spärlich vertretenen männlichen Pendants kommt Bewegung. Der Moment naht, in dem alle Kinder sich um ihre künftige Lehrerin scharen werden, um dann, im Gänsemarsch und fürsorglich umflattert, den Weg in den Klassenraum anzutreten.

Mir wird ganz schlecht, wenn ich die großen erwartungsvoll aufgesperrten Augen meines Jüngsten sehe, der nun aufgerufen wird. Später wird er mir erzählen, wie groß seine Angst gewesen ist, dass sie ihn vergessen haben und er nicht in die Schule darf. Wahrhaftig ein großer Tag für einen kleinen Jungen. Seit Wochen fragt er wieder und wieder, wie lange es noch dauert. »Du, Mama, ich freu mich so auf die Schule. Dann kann ich dir jeden Abend vorlesen. Und wenn ich einkaufen gehe, kann ich das Geld nachzählen. Vorher schreibe ich den Einkaufszettel«, so sprudelt es seit Tagen immer wieder aus ihm heraus. Was Leander von seinen Geschwistern in puncto Schule sieht und hört, fasst er für sich so zusammen: »Da muss man aufpassen und richtig schönschreiben. Dann muss man lernen und kriegt ein Lesebuch und jeden Tag ganz viele Hausaufgaben.« Hingerissen ob dieser Zukunftsaussichten strahlt er beim Abendessen in die Runde und nimmt es gelassen hin, dass ihm seine Schwester

Pauline nur einen Vogel zeigt. Nein, er vermutet noch nicht wie sein großer Bruder in jedem Lehrer einen Feind.

Je jünger die Kinder sind, desto rückhaltloser ist doch ihre Bereitschaft, den Lehrer zu lieben und seinem Vorbild nachzueifern. Sie sind empfindlich, hilfebedürftig und auf einen Erwachsenen angewiesen, der sich ihrer annimmt. Die Älteren sind schon mehr als einmal von einem Lehrer gebeutelt, zurechtgestaucht und beschämt worden. Also bleiben sie cool, kultivieren ihre Skepsis und zucken mit den Schultern. Sie wissen längst, was wir insgeheim befürchten: Lehrer können einen fertigmachen.

Viel Lärm um nichts

Da vorne auf der Bühne geht das Spektakel seinen gewohnten Gang. Hinter den Kindern sitzen wir – die Mütter. Flankiert von Omas, Tanten und was die weibliche Verwandtschaft noch so aufbietet. Die Väter stehen am Rand, manchmal huscht einer tief gebückt vor den Kindern in der ersten Reihe entlang. Zwischen sich und das Geschehen halten sie blitzendes technisches Gerät, kleine Digicams speichern das Ereignis für die Ewigkeit.

Herzklopfen? Nun ja. Die Kinder sitzen vorne ordentlich aufgereiht, dahinter werden die ersten Taschentücher gezückt, während sich auf der Bühne drei kleine Mädchen dem Ende ihrer Darbietung entgegenflöten. Auch sie ernten ordnungsgemäß Beifall.

So ein erster Schultag geht schon an die Mutternieren. Sogar mir, obwohl es schon das vierte Mal ist. Mein Jüngster wird von heute an trocken hinter den Ohren. Diesem Tag, an dem es endlich losgehen soll, hat er mit Begeisterung und Freude entgegengefiebert. Heute Morgen mit wichtiger Miene den Ranzen gepackt: den Tuschkasten, den dicken Klebestift, die Schere, den Turnbeutel verstaut, die Brotbox mit dem Hasen Felix drauf noch einmal verstohlen gestreichelt, das nagelneue Federmäppchen mit den dreieckigen Schreiblernstiften befüllt. »Kaufen Sie Markenware!« hatte es in der Materialanforderung geheißen, die wir Mütter vorab von der Klassenlehrerin bekommen hatten. Als dann noch vor zwei Tagen ein Schneidezahn ausfiel, war der Jubel groß. Denn wer in die Schule geht, hat schon Zahnlücken. Und hat Hausaufgaben. Und wer Hausaufgaben und Zahnlücken hat, ist groß. Und wer groß ist, kriegt auch Taschengeld.

Groß werden wollen und dabei klein gehalten werden

Das weiß er von seinen drei älteren Geschwistern, und obwohl er deren Schulelend Tag für Tag miterlebt hat, schmälert das die Freude offenbar überhaupt nicht. Groß rumgetönt hat er: Dass er gleich mit einem roten Füller schreiben wolle, dass er ganz schnell lesen lernen werde, damit er endlich alleine lesen kann und niemanden mehr zum Vorlesen suchen muss. Dass er dann auch den Kummerkasten bei uns zu Hause mit geschriebenen Beschwerden über seine Geschwister füllen kann, erfüllt ihn mit unendlicher Genugtuung und Zuversicht. Bisher musste er seine Anliegen und Anklagen nämlich malen. Und damit ist jetzt Schluss.

Doch heute Morgen um fünf erschien er leichenblass an

meinem Bett, schlüpfte unter die Decke und weinte bitterlich. Dass er noch nicht alles kann, was er muss, kommt irgendwann mit kleiner Stimme, und deshalb so Angst vor der Lehrerin hat. Zählen zum Beispiel; bei sechsundvierzig fällt ihm immer nicht mehr ein, was danach kommt, sagt er. Und wenn er zu dumm für die Schule ist, dann lachen ihn alle aus, stößt er hervor. Ich bin entsetzt. Was soll das denn jetzt? Zu dumm? Er? Der fröhlichste, aufgeweckteste und neugierigste Sechsjährige, den ich jemals durch die schweren Schultüren in unwirtliche Flure geschoben habe? Behutsames Bohren bringt dann das ganze Ausmaß der Katastrophe ans Licht. Seine Schwestern haben ihm weisgemacht, dass er bis hundert zählen können, die Wochentage und die Monate des Jahres auswendig wissen und es schaffen muss, einen ganzen Vormittag lang nicht aufs Klo zu gehen, wenn er in die Schule kommt. Weil einen sonst der Lehrer anschreit. Und dass man dann niemals zurückschreien oder auch nur widersprechen dürfte. Denn wenn der Lehrer einen nicht leiden kann, kriegt man immer schlechte Noten und fliegt am Ende sogar von der Schule. Wie Ritterkreuzträger nach Stalingrad und arbeitssüchtige Manager ihre Bypassnarben haben sie nach dem Motto »Viel Feind, viel Ehr« die bestandenen Gefahren hochgerechnet, um den Neuling gehörig zu beeindrucken.

Zuerst will ich mir Johannes, Pauline und Charlotte vorknöpfen. Aber dann geht mir die Frage durch den Kopf, ob das ihr Bild von der Schule ist? Ihr ganz persönliches Resümee aus zwei, vier und sechs Jahren, in denen sie den allergrößten Teil ihres Tages mit Lehrern und Mitschülern verbracht haben? Ich habe die Angelegenheit für heute auf sich beruhen lassen und insgeheim beschlossen, mir erst einmal ein Bild zu machen. Viel erzählen sie ja nicht. Nur wenn's mal ganz dicke kommt und Tränen fließen, dann erfahre ich hautnah, wie es einem meiner Kinder gerade geht in der Schule.

Brühwarme Berichte – das war gestern, im Kinderladen. Was die Erzieherin gesagt hat und wie sie dabei ausgesehen hat, das haben sie alle vier noch immer rausgesprudelt. Meistens schon beim Abholen, wenn ich noch verzweifelt versucht habe, zwei zusammengehörige Gummistiefel aus dem bunten Haufen herauszusuchen, oder bei dem Versuch, zwei zueinander passende Handschuhe und eine Mütze zu finden, schier durchgedreht bin.

Mit dem ersten Schultag hörte das schlagartig auf. »Wie war's in der Schule?«, habe ich abends, wenn ich sie nach einem langen Arbeitstag hektisch, müde und voller Ungeduld aus dem Hort abgeholt habe, immer noch gefragt. »Gut« – die Standardantwort. Der Rest ging unter im alltäglichen Hausaufgabenelend und im Versuch, die alltägliche Zettelflut zu bewältigen, die mich mit Anordnungen des Lehrkörpers versieht, denen unbedingt Folge zu leisten ist.

⋆

Von alldem ist natürlich bei einer Einschulungsfeier nicht die Rede – wohlweislich, denn sonst würden vielleicht doch ein paar Unerschrockene ihre Kinder an die Hand nehmen und laufen, so weit wie ihre Füße tragen. Die Schulleiterin wendet sich jetzt noch einmal den Kindern zu. »Schule macht uns allen hier einen Riesenspaß«, sagt Frau Sonnenstich. »Wir machen hier ganz tolle Sachen, ein Schulfest im Sommer, Klassenfahrten und Wandertage haben wir auch.

Dazwischen machen wir viele Ausflüge, das wird euch gefallen.« Dass in der Schule auch gelernt wird, das sagt sie so direkt natürlich nicht, und dass dabei manchmal der Spaß auf der Strecke bleiben muss – Schwamm drüber. Nur so viel verrät sie heute schon: »Manchmal gibt es auch Hausaufgaben.« Sie klingt ein bisschen wie der beflissene Vertreter für Staubsauger, der an der Haustür auf das Kleingedruckte angesprochen wird und nicht müde wird zu beteuern, dass der Spaß am Putzen doch reichlich für den zu zahlenden Preis entschädigt.

Wenn sie mal die Kinder anschauen würde, könnte sie erkennen: Die sind keineswegs in Panik geraten, als das Gespenst der Hausaufgaben sein grausiges Haupt erhob. Ja, das wollen sie doch! Hausaufgaben wie die Großen, klare Sache. Deshalb sitzen sie doch hier. Natürlich hat die Schulleiterin keine Ahnung, wie verlockend das für die Schulanfänger da vorne klingt. Von Kindern versteht sie schließlich gar nichts. Mit Hausaufgaben ist es wie mit Taschengeld und Zahnlücken. Wer die hat, ist groß.

Vorne auf der Bühne singen sie jetzt alle gemeinsam: »Alle Kinder lernen lesen, Indianer und Chinesen …« Das Liedchen kündet von der weltumspannenden Freude am Lernen und endet verheißungsvoll: »Hallo, Kinder, jetzt geht's los!« singen die Drittklässler mit gehörigem Schmackes. Manche der Schulanfänger singen leise mit, sie haben wohl ältere Geschwister oder kennen den Text von der Kassette. Für die Einschulungsfeier erfüllt das Lied denselben Zweck wie die Nationalhymne beim Länderspiel. Und da wedeln die Klassenlehrerinnen auch schon wie Cheerleaders mit den Armen. »So, liebe Kinder, jetzt gehen wir mal in unseren schönen

Klassenraum. Das wird ganz toll. Und die Muttis und Papas warten jetzt bitte unten auf dem Schulhof.«

Wir Eltern haben dann noch eine Weile auf dem Schulhof herumgestanden, verstohlen ein paar Tränchen getrocknet und viel geseufzt über die so schnell vergangene Zeit, seit wir mit dem verschrumpelten Bündelchen das Krankenhaus verließen. Das war doch erst gestern, oder? Dann haben wir die üblichen Befürchtungen ausgetauscht und mit schiefem Lächeln auf die frischgebackenen Schulkinder gewartet. Nach einer halben Stunde waren sie wieder da. »Und wie war's?«, rutscht es mir unwillkürlich raus, als ich Leander in die Arme schließe. »Gut«, sagt er und runzelt die Stirn. »Aber die Zahlen sind gar nicht drangekommen. Wir haben nur Fische ausgemalt«, berichtet er, und in seiner Stimme schwingt ein Hauch Enttäuschung mit. »Und wie ist die Lehrerin so?« – »Nett. Sie hat gesagt, dass wir noch ganz viel spielen werden.« Er seufzt kurz, hebt die Schultern und dreht die Handflächen nach außen. »Hausaufgaben habe ich keine gekriegt. Aber vielleicht kommen die Zahlen ja morgen dran.«

Ach, gebt uns gute Erzieher! Gebt uns Leute, die die Neigung, Geschicklichkeit und Fertigkeit haben, Kinder vernünftig zu behandeln, sich die Liebe und das Zutrauen derselben zu erwerben, die Kräfte zu wecken, die Neigungen zu lenken und durch ihre Lehre und ihr Beispiel die jungen Menschen zu dem zu machen, was sie ihren Anlagen und ihrer Bestimmung nach sein können und sein sollen.

CHRISTIAN GOTTHILF SALZMANN: AMEISENBÜCHLEIN ODER ANWEISUNG ZU EINER VERNÜNFTIGEN ERZIEHUNG DER KINDER

2. Kapitel

In der Schule – nichts Neues: das Lehrerzimmer

Das Menetekel an der Wand ist am ersten Schultag noch unsichtbar. Es tritt erst allmählich hervor, wenn die Erfahrung als Mutter mehrerer schulpflichtiger Kinder einem den Blick schärft. Was über dem Eingang zu Dantes Hölle steht, kann man heute über jedem Schultor lesen: Die ihr hier eintretet, lasst alle Hoffnung fahren.

Jetzt geht das alles wieder los: Das Licht meines letzten Schultages vor vielen Jahren, am Ende des dreizehn Jahre langen Tunnels stellt sich als der Scheinwerfer des entgegenkommenden Zuges heraus. Wie die Untoten sitzen sie da vorne: die Lehrerin, die sich in alles einmischt, kontrolliert und beobachtet, und ihr Kollege, der so freundlich tut, aber in Wahrheit keine Sekunde zögern wird, einen bei der nächsten Gelegenheit vor der ganzen Klasse bloßzustellen oder sonstwie in die Pfanne zu hauen. Und alle, alle haben sie immer recht, hören nicht zu und sitzen im Zweifelsfall sowieso am längeren Hebel. Riechen aus dem Mund und kommen einem immer zu nahe. Natürlich wagt kein Kind, einen Lehrer darauf aufmerksam zu machen, dass so etwas wie Seife und Zahnbürste zum täglichen Gebrauch erfunden wurde, und hält lieber die Luft an oder dreht den Kopf weg, wenn der Lehrer naht. Allein ihr Aufzug spricht doch Bände: Wo selbst Stuhlverkäufer im korrekten Anzug ihre Kundschaft mit den äußerlichen Insignien des Respekts empfangen, von Bankern und anderen Dienstleistern ganz zu schweigen, läuft der Lehrer in der Schule gerne herum wie fern von zu Hause. Da trifft man immer noch auf die Parade verbeulter Cordhosen, ungebügelter Hemden, ausgeleierter Sweatshirts und Jesuslatschen, die den Blick auf weiße, blau geäderte Füße mit gelb verwachsenen Zehennägeln freigeben, die ihre besten Tage lange hinter sich haben.

*

Alle, alle sind sie wieder da: die energische, machtverliebte Schulleiterin Dorothea Sonnenstich mit ihren Edelleinenkleidern und der angeketteten Brille um den Hals – diese reizende Person, mit der man niemals aneinandergerät, solange man lächelnd zu dem nickt, was sie für richtig hält. Aber wehe, sie wittert Widerstand, etwa bei Reizthemen wie der Frage: Noten oder verbale Beurteilung? Noten sind rundum abzulehnen, und als gäbe es, wenigstens auf dem Papier, nicht immer noch das Sprengelprinzip, das Eltern je nach Wohnort eine bestimmte Grundschule zuteilt, möchte sie jede Diskussion im Keim ersticken. »Wer das will, hat an unserer Schule nichts verloren!«, hat sie sich kürzlich wieder echauffiert, als das Halbjahr dem Ende zuging und ein, zwei versprengte Elternteile schüchtern anfragten, ob man denn in der vierten Klasse nicht endlich die Sternchen, Sonnen und Monde unter den Mathearbeiten durch orientierende Ziffern ersetzen könne. Da beißt man bei ihr auf Granit, die Notenfrage hat sie längst zur Glaubenssache erklärt. Auch über die eherne Gültigkeit der sechsjährigen Grundschule hat sie sich schon vor hundert Jahren eine feste Meinung gebildet. Wer von den Eltern wagt, das Kind schon nach vier Jahren auf die nächste Schule zu schicken, erleidet den sozialen Tod und wird fürderhin wie Luft behandelt. Wehe, man kann dem Notengeben auch positive Aspekte abgewinnen. Gnade dir Gott, wenn ihr auffällt, dass du dich beim Spüldienst zum Schulfest nicht in die Liste eingetragen hast. Und reize sie niemals mit Fragen, die nur du allein wichtig findest.

Hier in der Schule lehrt die Erfahrung, dass es besser ist, Lehrern nie Fragen zu stellen. Mit Fragen erreicht man nur, dass man sie ärgerlich macht, und eine direkte Antwort bekommt man ohnehin nie. Nein, es lohnt sich nicht, einen Lehrer mit einer anderen Meinung zu konfrontieren oder eine wirkliche inhaltliche Frage zu stellen. Sie stellen selbst gerne Fragen, aber sie geben einem nie eine Antwort. Am liebsten würden sie einem noch nicht einmal die Uhrzeit sagen. Ein Schicksal, das Schüler mit ihren Eltern teilen.

Frau Blümel, die kugelrunde kleine Lehrerin mit dem Wuschelkopf, die, selbst kaum größer als ihre Klientel, das Basteln mit Naturmaterial mehr als die Malaisen des Schriftspracherwerbs liebt, sitzt auf dem Stuhl und kippelt wie eine Fünfjährige. Auf den Fluren, in den Klassenzimmern lässt sie keine Gelegenheit aus, hier einen blonden Schopf zu streicheln, dort ein besonders süßes kleines Mädchen zu knuddeln, und auch meinen ersten Sohn damals nicht nur ins Herz, sondern gleich fest in beide Arme schloss und dabei beharrlich ignorierte, dass der kleine Kerl stocksteif dastand und die Prozedur noch gerade eben so mit zusammengekniffenen Augen und angehaltenem Atem über sich ergehen ließ.

Auf dem Elternabend stampft Frau Blümel dann schon mal mit dem Fuß auf, wenn sich spontan keine der versammelten Mütter bereit erklärt, beim bevorstehenden Wandertag zu assistieren, Äpfelchen und Mineralwasser in den Klassenraum zu liefern oder flugs für morgen einen Besichtigungstermin beim örtlichen Wasserwerk zu arrangieren. »Das finde ich jetzt aber überhaupt nicht gut von euch«, jammerte sie mehr als einmal in die verstockte Runde und erreichte damit prompt, was sie wollte. Seufzend hob noch immer eine der Muttis, wie Frau Blümel uns gern nennt, die Hand und murmelte gottergeben: »Ja. Ich mach's.« Imagepflege gehört eben dazu, wenn man ein Kind in der Schule hat, beteuerten die Muttis einander dann nachher beim Elternstammtisch, wenn sie sich in erwachsene Frauen zurückverwandelt hatten.

Neben Frau Blümel sitzt Herr Giggenbacher-Kleinschmidt, auch ein ganz Lieber und unverkennbar Alt-68er. Schlabberhemd und ausgebeulte Jeans, die zauseligen langen Haare trägt er zu einem schmierigen Zopf gebunden. Ein ganzes Jahr hat er gefehlt, weswegen meiner Tochter jetzt entscheidende Kenntnisse der Bruchrechnung fehlen, denn seine Vertretung erkrankte dann auch sehr schnell. Das Sabbatjahr hat er dringend gebraucht, er fühlte sich ein wenig ausgebrannt, und hat damals die Gunst der Stunde zu nutzen gewusst. Die eigenen Kinder waren gerade aus dem Haus, die Beziehung zur Ehefrau auch nicht mehr ganz frisch, und so beschloss Herr Giggenbacher-Kleinschmidt, zunächst einmal den befristeten Ausstieg aus dem Lehrerleben zu wagen, sich einen Jugendtraum zu erfüllen und auf dem Motorrad, die Gattin auf dem Sozius, um die Welt zu brausen. Nun ist er wieder da und wird eine der ersten Klassen übernehmen. Hoffen wir das Beste für die Bruchrechnung.

Neben ihm lenkt Frau Wunderlich-Kapitzky, die Mathelehrerin meines ältesten Sohnes Johannes, den Blick über den Rand ihrer Lesebrille und mustert die versammelte Elternschaft. Uns verdutzte Mütter hat sie damals beim ersten Elternabend im zweiten Schuljahr beschworen: »Vor allem sagen Sie Ihren Kindern nicht 2 + 2 = 4, denn dann begreifen sie die moderne Mathematik nie!« Obwohl ich mich daraufhin mit diesbezüglichen Hinweisen gegenüber meinem Sohn schon arg zurückgehalten habe, hat er die moderne Mathematik in sechs Grundschuljahren nicht begriffen. Sicherlich, er kannte nach dem Ende der Grundschule alle türkischen Feiertage, verstand es, mit hinreißenden selbstgebastelten Kastanienmännchen seine Oma zu entzücken, wusste Schulhofkloppereien in therapeutische Gespräche umzuformen und war in sozialen Belangen gar nicht hoch genug zu loben. Auch hatte er sich in der sechsten Klasse dank des diesbezüglichen Projektunterrichts in die Anfangsgründe des Sexuellen eingearbeitet, als Hausaufgabe ein pubertäres Poem auf sein Schwänzchen verfasst und in der Teilungsstunde, in der Jungen und Mädchen getrennt beschult werden, mit den Jungs der Klasse gelernt, wie man ein Kondom über eine Banane zu streifen habe. Nach dem Wechsel zum Gymnasium hat ihm dieses Wissen allerdings nicht mehr allzu viel genutzt.

*

Mein Ärger über dieses Panoptikum von selbstherrlichen Pädagogen, dem problemlos einige weitere hinzugefügt werden könnten, und ihrem multiplen Versagen wird seither täglich gefüttert: Ob jemand gut oder schlecht ist, muss dem Dienstleistenden in allen anderen Berufen unwichtig sein, solange er sich um den Kunden zu bemühen hat. Das kann man unschwer in der Haltung erkennen, mit denen private Nachhilfeinstitute um zahlende Eltern werben. Ein ganzer Strauß von modernen Lernkonzepten tritt den Beweis an: Schlechte Noten müssen nicht sein. Jedes Kind kann das Lernen lernen. Selbstvertrauensstärkung und Orientierung an individuellen Bedürfnissen, Klassenarbeitsvorbereitung und Unterrichtsnachbereitung bei nur zwanzig Euro aufwärts pro Stunde inklusive. Was soll man denn von diesem hochmodernen Outsourcing halten? So viel hochgestimmten pädagogischen Eros hätten wir doch eigentlich ganz gern beim ursprünglich für diese Dienstleistung eingestellten Lehrer gesehen.

Nur da, wo die Dienstleistung ein Monopol ist, kann sich dieses Verhältnis umkehren. Genau das ist in der Schule der Fall. Nur die Schule kann sich leisten, die von ihr Abhängigen zu beurteilen. Überall sonst wird die Dienstleistung beurteilt, nicht der Empfänger. Nur die Schule und ihre Lehrer stellen die Verhältnisse in geradezu grotesker Weise auf den Kopf. Es liegt immer nur am Kind, wenn Schulprobleme auftauchen, nie an den unsinnigen und geisttötenden Anforderungen, nie an unfähigen, kindischen und faulen Lehrern.

Dass jeder Mensch auf seine höchst persönliche Art und Weise lernt, stößt in Schulen auf bares Unverständnis: der eine braucht Anleitung, die andere lernt am besten durch Zuhören. Manche lernen leichter, wenn sie beim Buchstabieren hüpfen können, andere fotografieren das neue Wort im Kopf und können das Schriftbild jederzeit aufrufen. Im Prokrustesbett ist der Schüchterne verloren, wenn er in der Gruppe arbeiten soll, und der Bewegungslerner kriegt halt notfalls Ritalin verabreicht. Immerzu reden diese Lehrer von »der Klasse« – eine blanke Fiktion, genau wie »der Durchschnittsschüler«, den es zwar nicht gibt, an dem aber der Lehrer seinen Unterricht ausrichtet. Nach demselben Prinzip organisiert die Lehrerschaft ihre Verteidigungslinie, wenn es doch einmal zum Äußersten kommt: zu fundierter Kritik, die sich bis zur Forderung nach echter qualitativer Leistungsmessung steigern könnte. Mit ihrer Wir-sind-alle-gleich-gut-Melodie halten sie Frager auf Abstand und verwandeln Klassenzimmer in geschützte Werkstätten.

Niemand im ganzen Schulapparat erklärt sich persönlich für einzelne Kinder verantwortlich. Kein Grundschullehrer fühlt sich zuständig für den weiteren Werdegang seines Schützlings – es ist ihnen einfach egal, wie es weitergeht, wenn das Kind auf der nächsten Schule landet. Guten Tag, guten Weg – und tschüs, das ist das wirkliche Motto all dieser rührseligen Abschiedsveranstaltungen am Ende der Grundschulzeit, zu denen die Eltern den Lehrern dicke Blumensträuße überreichen müssen. Nur Verordnungen und Vorschriften regeln das Verhältnis zwischen Lehrern und Schülern, nicht etwa pädagogisches Verantwortungsempfinden auf der Basis verlässlicher Professionalität.

Befindlichkeiten aller Art haben die Verbindlichkeit, mit der ein Lehrer seinen Auftrag zu erledigen hat, schon in der Grundschule längst verdrängt: Verhält sich ein Kind nicht, wie es soll, nimmt der Lehrer das gleich persönlich übel – und verweigert spornstreichs die Leistung, für die er bezahlt wird: Frau Januschke zum Beispiel, »die macht einfach keinen Unterricht mehr, wenn wir laut sind«, hat mir mein großer Sohn eines Tages erzählt. »Zuerst sammelt sie die Arbeitsblätter ein, und wir machen kein Deutsch mehr. Und dann müssen wir Bilder malen.« Auf Nachfrage wurde die Dame patzig: Für Kinder, die ihren Unterricht nicht zu schätzen wüssten, sei sie nicht bereit, sich nervlich aufreiben zu lassen.

Da fehlen auf weiter Flur die Maßstäbe für die didaktischen Leistungen. Was erreicht werden soll, wie es erreicht werden soll und ob es erreicht wurde – das bleibt Privatangelegenheit des Lehrers und seinem eigenen Gutdünken überlassen.

An die Freude am ersten Schultag hängt sich dann auch prompt die Lernunlust wie der Schweif an den Kometen; mit den Jahren wächst der wabernde Dunst aus Stein, Staub und Dreck, sogar noch lange nachdem der Komet längst verglüht ist. Kinder bauen im Handumdrehen gewaltige Widerstände auf gegen das, was ihnen abverlangt wird. Schlechte Erlebnisse verstärken die Vorbehalte gegen die Schule und ihre Lehrer und münden allmählich darin, dass die Schule nur noch als blanker Stress empfunden wird. Innere Verweigerungen und psychische Blockaden machen dann irgendwann jedes Lernen, von dem der Philosoph Sloterdijk so schön sagt, das Lernen sei Vorfreude auf sich selbst, unmöglich.

Lernen ist vor allem in den ersten Grundschuljahren zu einer verquasten, langweiligen und beliebigen Veranstaltung geworden, die nach den Grundsätzen der Mechanik funktioniert. Kinder erscheinen als Wesen, die man beliebig motivieren, formen, prägen, begaben und entwickeln kann – wenn der Lehrer Lust dazu hat. Pech, wenn nicht: Konnten Kinder früher nach einem halben bis dreiviertel Jahr lesen, brauchen sie heute mindestens anderthalb dazu. Aber auch das funktioniert nur, wenn die Mutter jeden Nachmittag mit dem Kind zusätzlich übt. Den Erfolg in Gestalt der dringend ersehnten Lesekompetenz wiederum, so sie denn mit Ach und Krach dereinst erreicht wird, schreibt sich dann der Lehrer auf seinem eigenen didaktischen Konto gut, das mit allerlei Methodenschnickschnack à la mode gefüllt ist – sei es die Mengenlehre, die Ganzheitsmethode oder der handlungsorientierte Unterricht in bildender Kunst.

Lehren will der Lehrer ja heute nicht mehr so gerne, sondern lieber Lernprozesse ermöglichen. Und so jagt ein Projekt das andere, werden in vermeintlicher Teamarbeit Synergieeffekte auf den Kopf gestellt und kann ein Einziger immer noch mehr als alle zusammen. Wer wirklich gut ist, wird dazu verdonnert, den etwas weniger Guten – denn schlechte Schüler gibt es ja nicht – zu helfen. Dafür ist er dann bei der Lehrerin überaus beliebt, die nicht müde wird, die Brillanz des sozialen Verhaltens zu loben. Das spart ihr ja dann auch eine Menge Arbeit, denn wo eine aufgeweckte Zweitklässlerin den Vorschülern erklärt, was die deutschen Sätze im Innersten zusammenhält, darf sich die Lehrerin getrost zurückziehen und auf dem Elternabend den Skeptikern nassforsch erklären: »Das können die Kinder sich untereinander viel besser erklären, als wenn es der Lehrer tut.« Das Ganze nennt man jahrgangsübergreifenden Unterricht und ist der letzte Schrei an den echt hippen Grundschulen. Dumm gelaufen für die Großen, denn Vorschüler, denen man etwas erklären kann, kommen in den nächsten drei Jahren immer wieder neue dazu. Aber auch da, wo noch klassenweise gelernt wird, sind kleinste Hausaufgaben immer lieb mit Smileys verziert – ihre Bedeutung: Das kannst du machen, musst du aber nicht. Und jetzt raten Sie mal, wie ein Zweit- oder Drittklässler diesen Spielraum für sich zu nutzen weiß: Nö, mach ich nicht, muss ich ja nicht. War das nicht früher wirklich einfacher? Schon weil alles, was mit Schule zu tun hatte, als Muss deklariert war, wuchs doch erst der Drang, sich Nischen fürs Können zu erobern.

Bei all dieser vermeintlich so überaus kindgerechten Kuschelpädagogik erfolgen Beurteilung und Einschätzung des

Kindes natürlich immer noch im Vergleich zum vorgegebenen Durchschnittswert; dabei ist es natürlich immer nur das Kind, das dem Normalwert nicht entspricht. Ein guter Schüler ist Ausweis der Fähigkeiten seines Lehrers, ein schlechter hat selbst Schuld – beziehungsweise seine Eltern haben kläglich versagt.

Eltern werden zu Handlangern, Hilfslehrern und Schulsklaven

Wer sich umhört, gewinnt den Eindruck, dass jede Mutter, jeder Vater einen eigenen kleinen Ausweg nach dem großen Offenbarungseid der Lehrerzunft, der seit PISA einen Namen hat, sucht. Manche charmieren die Klassenlehrerin, damit das Kind einen guten Stand bei ihr hat, bezahlen die Klassenkasse Jahrzehnte im Voraus, dienen sich lieb lächelnd allwöchentlich als Lesemütter an und schlucken die Frage einfach herunter, warum die Lehrerin das bei einer Klasse von einundzwanzig Kindern nicht selber packt. Oder sie tappen, wenn sie Väter sind, zu jeder Gesamtelternkonferenz. Tummeln sich mit anderen in hunderttausend Arbeitsgruppen, wenn beispielsweise die Schulleiterin ein Schulprofil entwickeln lassen möchte. Schlagen sich wertvolle Abende um die Ohren, um als Gremienhengste zu reüssieren, währenddessen die Mütter bis spät in den Abend mit dem Kind über rätselhaften Textaufgaben brüten, im Internet zum Thema »Wölfe« recherchieren oder nachts losziehen, um irgendwo noch kleine, flache Steinchen aufzutreiben, die für ein Mosaik gebraucht werden, das sich die Klassenlehrerin am nächsten Tag als Unterrichtsstoff vorgenommen hat – als Projekt versteht sich: Wir verschönern unseren Schulhof.

Wer Geld hat und die gute Beziehung zum Nachwuchs nicht verderben will, bucht kalt lächelnd den Nachhilfelehrer. Wer keins hat, kämpft am Küchentisch einen zähen Kampf, den eine innere, schier unbeherrschbare Dynamik im Handumdrehen zur Eskalation treibt. So viel Einsatz muss sein: Wenn die Schullaufbahn der eigenen Kinder nicht so erfolgreich wie, sagen wir, das rumänische Raumfahrtprogramm sein soll, müssen wir ran.

Jahrelang tun wir unser Bestes, um die Kinder selbständig werden zu lassen oder ihren Unabhängigkeitsdrang wenigstens nicht allzu sehr zu deckeln. Dann werden wir zum Handlanger, Hilfslehrer und nützlichen Schulidioten, liefern verschämt und mit einem dünnen Lächeln, das um Vergebung winselt, vergessene Hefte, liegengelassene Turnbeutel und Frühstücksbrote im Klassenzimmer nach. Kaufen für unsere Erstklässler Turnschuhe mit Klettverschluss, obwohl das Kind längst Schleifen binden kann; aber die Lehrerin wollte es so – Klettverschlüsse für alle. Wir ziehen der Schule unserer Wahl zuliebe um, weil sie dort ein interessanteres pädagogisches Konzept haben als in der Schule nebenan. Dafür nehmen wir nicht nur den längeren Schulweg in Kauf, sondern fahren das Kind auch täglich hin und zurück. Sicher, selbständiger würde das Kind werden, wenn es täglich allein zur Schule gehen könnte. Aber Klein Laura kann schon, seit sie vier Jahre alt ist, lesen und schreiben. Und in der Grundschule nebenan würde ihre Begabung möglicherweise nicht gefördert, sondern gebremst. Denn dort haben sie einen Ausländeranteil von beinahe neunundneunzig Prozent.

Auf den Elternabenden nehmen wir Anweisungen entgegen, und an den Tagen dazwischen arbeiten wir Zettel ab, die immer mit »Liebe Eltern« beginnen. Das ist die Auswahl nur einer einzigen Woche von vier Schulkindern:

- Gehen Sie mit Ihrem Kind täglich die Rechtschreibkartei durch.
- Üben Sie das Einmaleins der Neun, denn da hat Ihr Kind sehr große Schwächen.
- Charlotte kann keinen Moment stillsitzen und stört den Unterricht. Stellen Sie das Kind doch mal beim Therapeuten vor. Vielleicht ist es ja ADS!
- Wir wollen unseren Flur neu gestalten. Verschiedene Materialien werden noch gebraucht: Fliesen, Fliesenkleber, Fugenmörtel, Spiegelreste, Muscheln, glatte Steine in Münzgröße, feiner Sand. Bitte geben Sie Ihrem Kind die Dinge im Laufe der Woche mit.
- Die Zweitklässler haben in den nächsten Wochen eine Dauerhausaufgabe: das Auswendiglernen der Einmaleinsreihen! Bitte üben Sie auch zu Hause weiterhin regelmäßig auf spielerische Weise!
- Bitte üben Sie mit Ihrem Kind regelmäßig Diktate zur Einübung englischer Satzstrukturen.
- Wir haben wieder Läuse! Bitte untersuchen Sie den Kopf Ihres Kindes täglich, und stellen Sie es dem Kinderarzt vor. Er wird Ihnen bescheinigen, dass Ihr Kind wieder am Unterricht teilnehmen kann.
- Am kommenden Montag wollen wir bei einem gemüt-

lichen Beisammensein über unsere Klassenreise berichten. Bitte tragen Sie sich in die Liste ein, welche Leckereien Sie mitbringen.

Und während ich noch darüber nachdenke, ob ich es riskieren kann, morgen unauffällig einen gekauften Kuchen aufs Buffet zu mogeln, statt gefälligst selbst einen zu backen, meldet mir mein Handy das Eintreffen einer SMS. »Bitte denkt an die zwei Euro morgen für den Blumenstrauß! Eure Elternvertreterin.« Ach herrje, wie konnte ich das nur vergessen – kein Festchen in der Schule ohne Blumen für die Lehrerin. Schwänzen darf man noch nicht einmal diese kleinen Aufmerksamkeiten, denn das Kind könnte schief angesehen werden. Und Gott bewahre, ohne beflissene Imagepflege geht da gar nichts.

Eltern geben also schnell klein bei und folgen genauestens den Lehrerwunschzetteln. Sie glauben der schlechten Meinung der Lehrer über ihre Kinder und deren schlechten Noten mehr als dem Bauchweh, der Lernunlust und der Schulmüdigkeit der Kinder. Sie ziehen schuldbewusst die Köpfe ein, wenn der Lehrer im Elterngespräch über das verhaltensauffällige, verspielte, pflichtvergessene, unkonzentrierte oder aggressive Kind klagt, und buchen eher teure therapeutische Klimmzüge, um das Kind der Schule anzupassen, als einmal andersherum zu fragen, ob eigentlich der Lehrer dem Kind gerecht wird. Unterricht? Von wegen: »Für die meisten Kinder heißt das, sich daran zu gewöhnen, lautes Getöse oder tödliche Langeweile über Stunden auszuhalten und ihre kostbare Lebenszeit sinnlos zu vergeuden. In solchen Unterrichtsstunden kriegen brave Kinder Lust, sich mit spitzen

Bleistiften in die Arme zu stechen, um festzustellen, ob sie noch leben. Die weniger braven springen auf und rasen herum«, giftet die Ex-Lehrerin Marga Bayerwaltes in ihrem Buch *Große Pause.* Dann bilanziert sie nüchtern: »Wir können froh sein, dass so viel Unterricht ausfällt, sonst wäre die Zahl der Schülerselbstmorde noch höher.« Und, Gott bewahre, die der schießenden Robert Steinhäusers vielleicht auch – in Erfurt und anderswo.

Es ist mehr als ein stilles Ressentiment gegen Lehrer, das in allen Eltern schlummert, nur weil sie den Schulbetrieb aus eigener Erfahrung kennen. Nicht nur der versiegelte Mund, die flammenden Wangen und die totale Leere im Kopf nach der entscheidenden Prüfungsfrage sind auf Jahrzehnte eingebrannt. Die Schule ist auch ein Versuchsfeld für existenzielle Erfahrungen in der Gruppe, die ihre Schatten aufs ganze Leben werfen. Erst recht die Protagonisten der Handlung, die dort agieren: In drei Sekunden sortieren wir die Menschen, die uns begegnen, in die altbekannten Prototypen ein: Streber, Schleimer, Petze, Verräter, Klassenclown, guter Kumpel, beste Freundin. Und auch die Lehrer mit ihren Tricks der Machtsicherung, scheinheiligen Ausreden und faulen Kompromissen, erst recht mit ihren Macken, die Schüler unerbittlich registrieren, genauso wie sie mit untrüglichem Instinkt auch jene Lehrer erkennen, die es gut mit ihnen meinen und tatsächliches Interesse aufbringen – sie alle gehen in die Prototypensammlung ein, die jeder Mensch für sich selbst erstellt. Die Schule kriegt man kaum je los – nicht nur, wenn man Kinder hat, dann aber erst recht.

Alle Eltern sind Kritiker des Schulsystems, die wenigsten Mütter und Väter trauen den Lehrern zu, ihr Kind angemessen zu fördern. Sie sind aber auch fast alle Komplizen dieses Systems. Kritiker sind sie, weil sie ihre Kinder lieben. Komplizen sind sie, weil sie immer noch brave Staatsbürger sind und außerdem noch eine eigene Rechnung offen haben und deswegen dem Lehrer blind gehorchen oder ihn wütend attackieren – schließlich haben sie die überlegene Macht und den bodenlosen Zynismus auch noch der allerunfähigsten Lehrer am eigenen Leibe erfahren. Diese Erfahrungen sind – so oder so – ein machtvoller Beweggrund dafür, warum Eltern bereit sind, sich in der Schule zu engagieren; und sei es auch nur den leidigen Elternabend zu besuchen, an denen die unfähigen, ungerechten und selbstherrlichen Pauker von einst wie die Untoten wiederkehren.

Die wahren Schulversager …

Viele Lehrer haben sich die Ursache des Fehlverhaltens und Leistungsversagens ihrer Schüler schon allein deswegen selbst zuzuschreiben, weil ihnen die Geschicklichkeit fehlt, ihnen etwas beizubringen. Die einzig wirklich pädagogisch wertvolle Grundhaltung, in den Fehlern der anderen den eigenen zu erkennen, sucht man in deutschen Lehrerkollegien vergebens. Damit soll nicht gesagt sein, dass der Grund allen üblen Verhaltens und jammerlichen Versagens, zu dem Schüler eben auch fähig sind, immer nur im Lehrer liegt. Aber suchen sollte er ihn in sich selbst – sonst ist er kein guter Lehrer. Vielleicht versteht es der Lehrer einfach nicht, die Kinder richtig zu behandeln. Vielleicht liegt in seinem Auftreten etwas Zurückstoßendes, das die Kinder misstrauisch, widerwillig und abgeneigt macht. Vielleicht fehlt ihm das Talent zu lehren. Vielleicht ist er schläfrig, redet trocken und abgehoben. Vielleicht wirkt er zynisch und gemein. Das muss ein Lehrer zuallererst sich selbst fragen, bevor er seine Schüler beschimpft, die Eltern anklagt oder alles auf die marode Bildungspolitik, den bedrohlichen Geldmangel und die Flut schwachsinniger Verordnungen aus der Schulverwaltung schiebt.

Haben die Lehrer in Deutschland tatsächlich nur ein Imageproblem, das sich etwa mit teuren Werbekampagnen beheben ließe? Fehlt ihnen tatsächlich nur der Rückhalt in der Gesellschaft oder in Wirklichkeit etwas ganz anderes? Da wird die Schuld an dem gesammelten Schulelend wie eine heiße Kartoffel weitergereicht – und die eigentlich Verantwortlichen verweigern stur die Annahme. Ja, wie soll man denn einen vernünftigen Unterricht machen, fragen die Lehrer in gewohnt selbstgerechter Pose und beschreiben die Kinder, die ihnen anvertraut sind, als zusammengeworfenen Haufen aus Hyperaktiven, Fehlernährten, Verhaltensgestörten, Hochbegabten und Wohlstandsverwahrlosten, Frühgeförderten und Legasthenikern, die noch dazu in Sprachen aus aller Herren Ländern schnattern und des Deutschen kaum mächtig sind.

In den Lehrerzimmern gilt es längst als ausgemacht, dass Erziehungsversagen, soziale Verwahrlosung, pubertäre Identitätsprobleme, das Fernsehen oder ganz allgemein die schlechten Zeiten daran schuld sind, dass immer mehr Kinder zuerst schulmüde werden, dann die Schule schwänzen und sie zuletzt ohne Abschluss verlassen. Gestartet sind sie alle hoffnungsfroh und neugierig, am ersten Schultag.

Dabei sind Kinder doch absolute Experten in der Lehrerbeurteilung, sie haben den klarsten, scharfsichtigsten Blick von allen Beteiligten. Dumm nur, dass niemand sie fragt.

… stehen vor der Klasse

Wer kennt heute Schüler, die gern zur Schule gehen? Fragen Sie doch einmal die Schüler, die Sie kennen: Sie mögen ihre Schule nicht. Sie überstehen sie. Sie bringen's hinter sich. Sie quälen sich hin. Sie halten durch, weil sie keine Alternative haben. Doch manchmal mögen sie ein Fach, wegen der Lehrerin oder des Lehrers. Wenn sie spüren, wie eine neue Tür im Kopf aufgeht und eine neue Aussicht sich eröffnet, wie die grauen Zellen anfangen zu arbeiten, eigene Fragen auftauchen, dann meldet sich eine verschüttete Lust, die Selbstvertrauen stiftet. Dann geht einem ein Licht auf, in dessen Schein sich die Welt als etwas zu Begreifendes offenbart. Zustande kommt dieses Wunder nur, wenn ein guter Lehrer den Weg dahin ebnet. Vielleicht passiert das heute in den Schulen deswegen so selten. »Die Phönizier haben das Geld erfunden«, sagte einst der Dichter Nestroy und klagte: »Aber warum so wenig?« Ähnliches lässt sich für die Schule heute sagen: Warum haben wir so wenige gute Lehrer?

Ein Schüler, der seine Denkfähigkeit so erlebt, bekommt ein Versprechen: das bleibt, das wird mir auch nach dem Pausengong noch zur Verfügung stehen. In diesen seltenen Momenten erfahren Kinder das große Vergnügen am Denken, das ihnen in den Schulstunden kaum vergönnt ist, so wie man es vorher den Lehrern nicht gegönnt hatte, die es nun selbst in ihrem Lehrerberuf nur sehr ausnahmsweise wagen.

Lehrerschelte ist natürlich langweilig. Lehrer sind – auch nur Menschen. Und sie benutzen ihr Menschsein gern als Rechtfertigung für ihr multiples Versagen. Einen professionellen, verbindlichen Standard, wie ein Lehrer sich verhalten soll, gibt es nicht. Die Folge: Die Variationsbreite zwischen guten und schlechten Lehrern vergrößert sich – aber sie sind ja alle nur Menschen. Und dann braucht man ständig eine gehörige Portion Glück, um an einen guten Lehrer zu geraten. Darunter leiden die Schüler zuallererst und unmittelbar. Wenn dem Lehrer die Nase nicht passt – Pech gehabt.

Ausgerechnet in den empfindlichsten und empfänglichsten Jahren des Lebens sind Schüler launischen Lehrern ausgeliefert. Kein erkennbarer Gerechtigkeitswille im Lehrkörper, unberechenbar in seiner Machtfülle. Im Unterricht kommt dran, was der Lehrer bevorzugt, und noch jeder ist persönlich beleidigt, wenn der Schüler nicht ausgerechnet seinen Fachunterricht hochgradig toll findet.

Dabei agieren sie nur nach Tagesform und Vorlieben, meistens lasch, dann wieder unbeherrscht und zwischendurch gleichgültig. Wie viele aber haben sich längst von ihrem Beruf verabschiedet und warten auf die Pensionierung? Wie vielen dient die Pädagogik nur noch zur moralischen Legitimation ihrer Aggressionen gegen Schwächere? Ein paar schwarze Schafe? Die Hälfte? Zwei Drittel? Egal. Sie sind zu einem Großteil unkündbare Beamte und müssen ihre Fähigkeiten nicht mehr beweisen. Rechenschaft sind sie niemandem schuldig.

Dabei wäre es so einfach, sie an ihren Taten statt an ihren

Worten zu messen. Wie gut ein Lehrer seinen Job gemacht hat, erkennt man auch am Notenspiegel der Klasse. Man sieht es überdeutlich an dem, was seine Schüler draufhaben. Dass das zu wenig oder das Falsche ist, erkennt man spätestens, wenn das Kind von der Grundschule ins Gymnasium wechselt und nichts, aber auch gar nichts in seiner bisherigen Laufbahn es auf diesen Kulturschock vorbereitet hat, der jenseits der Kuschelecke in der Grundschule auf das ahnungslose Kind wartet.

In keiner Klasse von Menschen findest du
so viel Empfänglichkeit für alles Gute als bei den Kindern.
Ihr Herz ist die wahre Jungfernerde, in welcher jedes Samenkorn
schnell Wurzeln schlägt und emporwächst; es ist ein Wachs,
das sich willig in jede Form schmiegt, in die du es drückst.

CHRISTIAN GOTTHILF SALZMANN: AMEISENBÜCHLEIN ODER ANWEISUNG ZU EINER VERNÜNFTIGEN ERZIEHUNG DER KINDER

3. Kapitel

Unterwegs im Jammertal: das erste Schuljahr

Es gibt Dinge, die man sich nicht gründlich überlegt, bevor man die Pille absetzt. Wenn sich der Teststreifen im Röhrchen verfärbt, ist man sowieso viel zu aufgeregt und durcheinander, um das Klingeln zu hören – den Paukenschlag, der den Ring zur zweiten Runde freigibt.

So fern der Moment, in dem das Kind seinen Ranzen schultert und hinter dem riesigen Schultor verschwindet, auch noch scheinen mag, er kommt mit der Unausweichlichkeit eines Naturereignisses. Was die Stunde geschlagen hat, wenn die Schule beginnt, ist bekannt: Tränen und Geschrei bei den Hausaufgaben, eine Flut von Mitteilungsblättern, die an die Küchentische ganz normaler Familien schwappt, verschwafelte Elternabende und verkrampfte Lehrergespräche, ungerechte Noten, verhauene Klausuren und selbstherrliche Paukerschikanen – kurz: Man bekommt es als erwachsener Mensch auf einmal wieder mit der überheblichen Borniertheit von Lehrern zu tun: und das geballt. Je nachdem, wie viel Mutterfreude man sich gegönnt hat, bemisst sich die Länge des Leidensweges: pro Kind dreizehn Jahre, in denen man sich mit Lehrern ins Benehmen setzen muss. Acht Jahre habe ich hinter mir. Am Ende werden es (bestenfalls) insgesamt neunzehn Jahre sein, in denen sich das Thema Schule in meiner Familie ausgebreitet haben wird wie ein wiederkehrender Brechdurchfallerreger.

Das ist die schlichte Wahrheit am Urgrund der leergefutterten Schultüte und des Weckerklingelns am Morgen nach dem Fest, zu dem wir den ersten Schultag inzwischen gemacht haben: Ist der Schulanfang schon schwer, kommt es dicker hinterher, so unkten damals, als ich in die Schule kam, die anderen Kinder auf dem Pausenhof, die schon länger da waren. Das wollte ich damals als Erstklässlerin nicht glauben, denn ich war voller Vorfreude auf die Schule und all die Geheimnisse, die sich mir dort offenbaren würden. Dann sollte ich sie kennenlernen: die Klassenlehrerin, die mir das Ohrläppchen umzudrehen pflegte, wenn es in das kleine a, das ich auf die Tafel gekritzelt hatte, hineinregnete. Die immer das letzte Wort hatte und einen nach Belieben in die Ecke stellen konnte, mit vor Scham glühendem Kopf und dem Empfinden von dreißig Augenpaaren, die Blicke wie Stacheln in meinen Rücken bohrten. Das schadenfrohe Tuscheln der Mitschüler, die bösen Sprüche in der Pause. Der sadistische Mathelehrer, der meine verhauene Klassenarbeit hochhält – »Sieht aus wie ein Blutbad, zwecklos, du kapierst das wohl nie.«

Heute, da ich morgens auf der anderen Seite des Schultors stehen bleiben darf, weiß ich: Nichts belastet die Beziehungen zwischen Eltern und Kindern mehr als die Schule, so wie sie heute ist – diese zwölf- oder dreizehnjährige Prüfung mit unberechenbaren Lehrern, wenig Aussagekraft und ungewissem Ausgang. Natürlich wollen wir gute Startchancen für unsere Kinder, auch ohne jede Zensur gleich als Zuteilung von Lebenschancen fehlzudeuten. Dafür sind wir bereit, zu Elternabenden zu erscheinen, für die Klassenkasse, Ausflüge und Reisen zu blechen und mit den Kindern zu üben. Aber warum müssen wir uns in diese Schulsklaverei begeben, das Familienklima vergiften und zu allem Übel auch noch den Teil mit erledigen, für den wir kaum das richtige Handwerkszeug mitbringen und der eigentlich zu den ureigensten Aufgaben der Lehrer zählt? Und zwar ohne fürstlichen Gehaltsausgleich, ohne die entsprechenden didaktischen Kenntnisse und neben unserer anderen Hauptaufgabe: das Familieneinkommen zu erwirtschaften und die Kinder in geordneten, freundlichen Verhältnissen aufwachsen zu lassen?

Wir werden immer besser, weil die Lehrer immer schlechter werden. Wer einmal mit dem Nachwuchs die Fallstricke der schriftlichen Distribution besprochen hat, die Vegetationszonen der sibirischen Tundra erörterte, die Mysterien um den korrekten Einsatz von *if-clauses* ergründete, die Erfindung des Mikroskops recherchierte und kurz vor Mitternacht die Feinheiten des lateinischen Passivs zu durchdringen versucht hat, der weiß, worauf es beim Lehren ankommt: auf bildhafte, packende Erklärungen, auf einfühlsame Dauermotivation, auf drastische Belohnung und emotionsarme, zeitnahe Bestrafung. Aus dem didaktischen Nahkampf am Küchentisch erwachsen durchaus Konsequenzen für die institutionalisierte Pädagogik im großen Stil: Die Teilnahme am Unterricht muss vor allem Spaß machen. Denken darf nicht weh tun. Üben ist lustig. Alles geht leicht von der Hand. Mit den richtigen Herangehensweisen ist das Lernen ein ganz großer Spaß. Also los, lasst uns aus jedem staatlichen Hort eine fröhliche »Häschenschule« bauen, aus jeder Grundschulklasse eine lebendige Gemeinschaft aus Forschern und Abenteurern machen, aus jeder Rechenaufgabe einen selbstorganisierten Lernprozess und das Ganze mit selbstgebastelten Apfelmännchen, Kartoffelkönigen und merkwürdigen Kostümfesten selbstbewusst nach außen tragen.

*

Hilfe, ich kann nicht mehr! Wer von uns ahnte denn nicht tief im Inneren, dass Schulen auch ganz anders sein könnten? Etwa so: ein kreatives, selbständiges, immer wieder neues gemeinsames Lernen von Schülern und Lehrern und Eltern, sensibel die Bedürfnisse jedes Einzelnen auffangend, offen im Umgang miteinander, alle Sinne ansprechend und eng vernetzt mit der Lebenswelt da draußen.

Hier unten auf der Erde ist dafür kein Platz. In den Schulen glauben die Lehrer, dass alle Eltern gleichermaßen alles schaffen können. Zu Hause, zwischen den Mahlsteinen Antreiben, Kontrollieren, Motivieren und Frustauffangen, reiben sich Eltern auf, die wollen, was alle Eltern wollen: eine Zukunft für ihre Kinder. Dass sich immer mehr Mütter und Väter immer weniger um ihre Kinder kümmern, kann ich beinahe täglich in der Zeitung lesen. Persönlich kenne ich jedoch keine. Ich kenne nur Eltern, die den Schulweg mit ihren Kindern gemeinsam gehen.

Es sind überwiegend Mütter, die Tag für Tag alles geben: Berufstätige Mütter, die ihr wertvollstes Gut, nämlich ihre Zeit, opfern, um Stände auf dem Sportfest zu betreuen oder auf Wandertage mitzukommen, oder die Klasse zum Schwimmunterricht begleiten, der ohne diesen Einsatz gar nicht stattfinden könnte. Die noch stets das Portemonnaie zücken, um für die Klassenkasse, das Bastelprojekt, die unterbezahlte Erzieherin oder die neue Wandfarbe im Klassenzimmer zu spenden. Die begeistert *Focus-Schule* abonnieren, um sich alle zwei Monate über die neuesten Strategien für den Schulerfolg ihrer Kinder kundig zu machen. Die auch noch mit ihrem allerletzten Geduldsfaden das brüchige Wissensgewebe flicken, das ihre Kinder aus der Schule mit nach Hause bringen. Und dann auf Zuruf eiligst das *futur composé* memorieren oder sich mit dem Geheimnis um die rationalen Zahlen und der Frage vertraut machen, wie noch mal gleich ein Flaschenzug funktioniert. Kommt die nächste Fünf ins Haus geflattert, kriegen sie mit etwas Pech dann von ihren miterziehenden Männern zu hören: Kein Wunder, wenn der Junge sitzenbleibt, du hättest dich halt früher kümmern müssen. Oder: Ach lass sie doch, du regst dich viel zu schnell auf.

Ja, wie denn noch? Im Hausaufgabenelend kann man doch nur alles falsch machen: Sie dividieren, multiplizieren und lernen heute ganz anders als wir früher. Das stiftet Verwirrung und bringt handfesten Krach, wenn es mal wieder unter Tränen heißt: »Nein, du kannst das gar nicht. Frau Dingel-Domdei hat das ganz anders erklärt!« Nur wie, das ist dem Kind leider komplett entfallen. Stumpf daneben sitzen und eisern darauf bestehen, dass erst die Rechenpäckchen auf der linken, dann die auf der rechten Seite gerechnet werden, bevor das Kind zum Fußballspielen entlassen wird, soll man auch nicht. Sondern nur ermunternd fragen: Wie willst du deine Hausaufgaben heute angehen? Nur um sich die Antwort abzuholen: Gar nicht. Ich hab es nämlich nicht kapiert. Und wozu brauch ich überhaupt Bruchrechnung?

Irgendwann beginnt das schlecht und schlechter gewordene Kind zu leiden, und das rührt mein Herz. Während ich mich langsam mit der schrecklichen Wahrheit anfreunde, dass mein Goldkind wahrscheinlich doch eher, hm, anders begabt ist, schraube ich meine Erwartungen langsam herunter. Damit entlaste ich das Kind, weil ich es nicht mehr leiden sehen mag, und prompt fühlt es sich nun nicht mehr aufgerufen und herausgefordert, sein Bestes zu geben. Vielleicht mache ich gar nicht zu wenig oder zu viel, sondern das Falsche. Aber wie soll ich herausfinden, was die richtige Dosis Ermunterung, Anleitung und Unterstützung ist und zu welchen Teilen man den leistungssteigernden Cocktail mischt, der den schmalen Grat zwischen Über- und Unterforderung hält und mir wenigstens mittelfristig erlaubt, hin und wieder noch einmal an etwas anderes als die Schule meiner Kinder zu denken?

Warum wohl geben sich Eltern so große Mühe mit ihren Kindern? Weil sie sich sonst nicht von ihnen trennen können, ohne die Gewissheit zu haben, wirklich alles getan zu haben, um ihnen den Weg ins Leben, das irgendwann ein Leben ohne Mama und Papa sein wird, zu ebnen und sie gut gerüstet auf eine Piste zu schicken, die steiniger, kurviger und unwegsamer sein wird als die, die wir selbst hinter uns haben. Die Kinder jedenfalls werden als Erwachsene mehr leisten müssen als wir, denn sie werden in einem härteren Wettbewerb bestehen müssen. Also müssen sie lernen, wie man systematisch lernt. Am besten von denen, die das Expertenwissen doch so lauthals gepachtet haben.

Zugegeben, das würde auch meinem Tagesablauf, dem einer berufstätigen Frau, sehr entgegenkommen. Es reicht mir völlig, abends die Deutsch-Hausaufgaben und die Rechenpäckchen durchzusehen, aber auch bei den unregelmäßigen Verben und möglichen Weiterungen um die Fortpflanzung der Sporenpflanzen bin ich durchaus bereit, mich noch einmal auf den neuesten Stand zu bringen. Aber es erbittert mich maßlos, dass meine beiden Großen keine zwei Zeilen schreiben können, ohne einen Rechtschreib- oder Grammatikfehler zu machen, oft genug beides. Oder der Biologieunterricht in der siebten Klasse beim Thema Spinnen, Käfer und anderes Getier, die es doch weiß Gott in natura zu betrachten gibt, sich auf das Anschauen von Filmen reduziert. Sechs Wochen lang. Nur Filme. Seit letzter Woche nehmen sie die Photosynthese durch. Kapiert sie nicht, hat Pauline mir erzählt. Frag den Lehrer, sag ich. Hab ich, sagt sie.

Er hat mir ’ne CD über die Photosynthese mitgegeben. Na toll, sag ich. Hast du Zeit?, fragt sie. Warum?, sag ich. Kannst du das mit mir angucken und mir das erklären?, bittet sie. Himmel, hilf …

Dann kommt das Pfingstwochenende. Meine Kinder besuchen seit vier, zwei und einem Jahr auf ihren eigenen Wunsch den Religionsunterricht. Auf die Frage, warum wir eigentlich Pfingsten feiern, fällt keinem etwas ein. Nur der Große, den ich vom Religionsunterricht von Anfang an befreit habe, sagt: »Weil Pfingsten fünfzig Tage nach Ostern ist.«

Warum verfällt meine kleine Tochter Charlotte bei der Frage, wie viel einundachtzig geteilt durch neun ergibt, schon mal für eine halbe Stunde ins Grübeln? Zu diesem Zeitpunkt hatte sie schon vier Schuljahre hinter sich.

Natürlich bleibt es mir selbst überlassen, sie anzutreiben oder jemanden dafür zu bezahlen, dass er es tut. Natürlich bin ich selbst schuld, wenn ich, aus eigenen spätpubertären Restbeständen heraus, auf Jahre hinaus meine Kinder von religiösen Dingen weitgehend ferngehalten habe. Aber was machen die eigentlich den ganzen Tag in der Schule? Und warum muss ich mich immer wieder dem Gemotze aussetzen und ins Zeug legen, wenn sie nach Hause kommen – während die Lehrer in der Grundschule sich an einem Kinderlächeln laben und um alles in der Welt einfach nur gemocht werden wollen, ganz viele schöne Feste miteinander feiern und so viel Spaß mit den Kindern haben. Die Fachbeamten im Gymnasium verkünden dann kalt lächelnd: »Den Stoff der sechs vergangenen Schuljahre setze ich einfach voraus. Wer da nicht mithalten kann, hat eben Pech gehabt und gehört nicht hierher.«

So wird das nichts: Wir Eltern können unseren Job mit der Liebe, dem Wandel und dem Wunder des Erwachsenwerdens nur gut machen, wenn die Lehrer ihren Part leisten. Wir sind müde und haben den reizenden kleinen Menschen, der seit sechs Jahren unser Leben teilt, über dem ganzen Affentheater mit der Schule längst aus dem Blick verloren, weil wir im Hindernisparcours hecheln und schwächeln, lange bevor die Zielgerade überhaupt nur in den Blick kommt. Zwischen Vokabeln abfragen, Diktat üben oder Rechenaufgaben erfinden basteln wir Weihnachtssterne, organisieren den Schulbasar, gehen bei Ausflügen und in der Schulküche zur Hand, besorgen Wichtelgeschenke, sammeln Geld für die Partnerschule in Togo, bereiten Spiele fürs Schulfest vor, besorgen Schnellhefter in den richtigen Farben oder reüssieren als Lesemütter, als Milchmütter, als Organisationsmütter, um den maroden Schulbetrieb am Laufen zu halten. Warum lassen wir uns eigentlich – seufzend, murrend, ergeben – in eine Pflicht nehmen, die eigentlich doch die der Schule ist?

Alle Mütter hoffen inständig, dass sie die Schulzeit ihrer Kinder halbwegs überstehen. Schule ist das einzige Thema, bei dem Mütter aller Klassen so richtig ausflippen können. Und das auf eine ungesunde Weise: Warum habe immer nur ich so mittelmäßige Gören, die mit Fünfen, Vieren und Dreien nach Hause kommen? Warum hat ausgerechnet mein Kind diesen miesen Lehrer erwischt? Wie motiviere ich einen müden Achtjährigen, der nach sieben Schulstunden platt ist, aber noch ein Gedicht auswendig lernen soll? Ich lobe nach Leibeskräften und erfinde die tollsten Belohnungen, wenn mal etwas gut gelungen ist. Aber was fange ich an mit einem neunjährigen Kind, das sich vor jeder Klassenarbeit mit Magenschmerzen quält? Dumm, dass ich dann stinksauer auf meine Kinder werde. Am meisten werfe ich mir aber die verhauenen Arbeiten, das ungeübte Gedicht, die vergessenen Hausaufgaben selbst vor: Offenbar habe ich es als Mutter einfach nicht drauf.

Ist der Schulanfang erst schwer, kommt es dicker hinterher

Schule hat die Tendenz, sich enorm auszuweiten. Sie legt sich wie Mehltau auf die ganz normalen Freuden, mit denen uns die Elternschaft überrascht, beglückt und bei der Stange hält. Wenn aus dem Kind ein Schüler wird, ist allerdings Schluss mit lustig. Ich meine jetzt nicht den Zwang, künftig nur noch in offiziellen Ferienzeiten mit der Familie verreisen zu können. Eher schon den Ärger, wenn sich die Lehrerschaft einstimmig zwischen Christi Himmelfahrt am Donnerstag und dem Wochenende einen Brückentag genehmigt und ich zusehen kann, wie ich meinen Chef davon überzeuge, dass ich einen Urlaubstag brauche, um die heimische Betreuungslücke zu stopfen. Dass die Schule mit ihren Terminen wie eine eiserne Hand ins Familienleben hineinregiert, damit kann ich mich gerade noch abfinden. Auch die Kröte der teuren Schulbücher, die nun jährlich zu kaufen sind, versuche ich zu schlucken – rund vierhundert Euro für vier Schulkinder, aber warum habe ich auch so viele? Selbst schuld.

Dass ich mit einem Schulkind an feste Zeiten gebunden sein würde und auch nach der Schule zur Verfügung stehen müsse, war absehbar. Aber dass all die bezaubernden Gespräche mit ungeheuer aufgeweckten Fünfjährigen, die nachdenklichen Fragen von Sechsjährigen, die ausgelassenen Späße, die unendliche Neugier und nimmermüde Bereitschaft nachzufragen, weiterzudenken und sich einen eigenen Reim auf die Welt zu machen, ausdünnt und verschwindet, das bringt mich auf die Palme. Fortan geht es nur noch um die Normerfüllung, der Eltern nach Kräften zuzuarbeiten haben. Das tun sie natürlich – und wenn man nicht höllisch aufpasst, gibt es bald nur noch ein Thema zwischen den Kindern und ihren Eltern. Hast du die Aufgaben gemacht? Was ist mit Mathe? Was hast du in Deutsch auf? Jeden Nachmittag dieselben Fragen. Mit dem immer gleichen Ausgang. Motzend und stöhnend knallt das Kind seine Hefte auf den Tisch und schiebt sich selbst voller Unwillen auf den Stuhl. Und natürlich rollen auch heute wieder als Erstes die teuren Jaxon-Ölkreiden auf den Boden.

Selbstverständlich hört mein Kind mit dem Denken in dem Moment auf, in dem ich es ausdrücklich dazu auffordere. Eine Art Tragstarre stellt sich augenblicklich ein, sobald ich nur den kleinsten Nachdruck in meine Stimme lege. Versuche ich übrigens, nach Kräften einfühlsam zu motivieren mit: Guck mal, du machst immer noch Fehler im Diktat, aber du warst schon viel schneller als beim letzten Mal – dann passiert genau dasselbe.

Alle Eltern kennen doch die Erfahrung, dass sich die eigenen Kinder von Menschen außerhalb der Familie viel eher etwas sagen lassen als von ihren Müttern und Vätern. Unter anderem deshalb, weil die emotionale Beziehung zwischen Eltern und Kindern so dicht ist, so voller Vorgeschichten, Erwartungen und Projektionen, dass die Sachlichkeit des Lernvorgangs erheblich davon in Mitleidenschaft gezogen wird. Beispiele, die das belegen, sind Legion: Mozarts ehrgeiziger Vater, Goethes Unfähigkeit, seinen Sohn vorm beruflichen Scheitern zu bewahren und von der Trunksucht zu befreien, oder Thomas Manns alles überstrahlender Ruhm, der sich wie ein Senkblei auf die freie Entfaltung seiner Kinder legte.

Die Vernunft, um die es in Unterricht und Erziehung gehen könnte, ist durch den persönlichen Bezug überschattet. Deshalb liegt in den unterschiedlichen Rollen von Lehrern und Eltern ein Moment von Rationalität, das es zu kultivieren gilt: Unterricht und Erziehung könnten die Beziehung ergänzen, statt sie nur zu belasten. Versachlichung ist der Schlüssel: Der Lehrer kann in heiklen Fragen sachlicher sein als die Eltern, er kann das Lernen nach sachlichen Gesichtspunkten statt nach Vorlieben ordnen – er kann, wenn er gut ist, seine Schüler zu einer Haltung befähigen, die sich auf Gründe, nicht auf Gewohnheiten in den Familien stützt.

Familien als Notstromaggregate für marode Schulen?

Die Tatsache, schulpflichtige Kinder im Haus zu haben, stellt Eltern vor ungeahnte Herausforderungen – sogar wenn kein akutes Problem wie Schuleschwänzen und Sitzenbleiben drückt, gerät der eigene Lebensplan enorm unter Druck. Besser man verkneift sich den neuen Job, den man gerade in Aussicht hat, und pfeift auf die Chance, ein wenig mehr zu verdienen. Oder riskiert frohgemut den Rausschmiss, weil man den Vollzeitjob auf einen halben Tag reduzieren muss. Ich kenne Mütter, die tatsächlich ihren Beruf an den Nagel gehängt haben, als ihr Kind in die Schule kam. Die anderen organisieren Notpläne mit anderen Müttern, die genauso wenig Zeit haben.

Wenn die Lehrerin nach der Rückkehr von der Klassenfahrt gerne ausschlafen möchte, fängt die Schule erst zur zweiten Stunde an. Wenn ein Lehrer aus irgendwelchen Gründen fehlt und sich keine Vertretung findet, fällt die Stunde eben aus. Wenn mal wieder Wandertag ist, ist die Schule früher aus. Wenn das Kind krank ist, findet gar keine Schule statt. Wenn in der Klasse die Windpocken grassieren oder die Läuseplage um sich greift – keine Schule. In den Ferien – keine Schule. Wenn die Lehrer über ihre Arbeit miteinander reden möchten oder sich grüppchenweise in puncto Stressbewältigung oder Zeitmanagement weiterbilden und das dann Studientag nennen – keine Schule. Wenn sie einen Betriebsausflug unternehmen oder in Gewerkschaftsveranstaltungen über Personalangelegenheiten oder die Unzumutbarkeit zusätzlicher Unterrichtsverpflichtungen in der Größenordnung von einer Stunde pro Woche lamentieren möchten – keine Schule.

Aber es hilft ja nichts: Mit den Lehrern muss man sich gut stellen, sonst hat man ganz schnell verloren. Das haben wir alle, die wir heute unsere Kinder in die Startlöcher bugsieren, damals erfahren und als eherne Wahrheit über die Schule verinnerlicht.

Warum sonst verwandelt die pure Anwesenheit eines Lehrers die Erwachsenen auf Elternabenden in das altbekannte Panoptikum der Mitschüler: Da sitzt der Schleimer, der unentwegt nickt. Der Streber, der sich sofort zum Elternvertreter wählen lässt und natürlich gerne bereit ist, am nächsten Wochenende das Klassenzimmer zu renovieren, während die anderen sich wegducken. Die Brave, die beflissen die Marken der gewünschten Filzstifte notiert. Der Ungerührte, der einfach einschläft und seine Technik, dabei den Kopf nicht auf den Tisch sinken zu lassen, perfektioniert hat. Die Feige, die bei jedem Lehrerwort mit den Augen rollt und, sobald der Lehrerblick sie trifft, lieb lächelt. Der Clown, der die Lehrerin mit kecken Witzchen charmiert. Der Querulant, dahinten in der letzten Reihe, mit gerunzelter Stirn und verschränkten Armen und, und, und.

Doch was wir damals am eigenen Leib erfahren und glücklicherweise überstanden haben, kommt jetzt mit geballter Macht aus einer anderen Ecke zurück: Mütter tragen die Hauptlast für die schulgerechte Versorgung der Kinder. Sie haben den Tagesablauf zu regeln, bei den Hausaufgaben zu helfen, Sprechstunden von Lehrern zu besuchen und Gespräche mit den Kindern über die Schule zu führen. Die immensen Anforderungen in psychischer, materieller und zeitlicher Hinsicht sind als nicht erwerbstätige Mutter eines einzigen Kindes vielleicht noch zu schaffen. Sobald man mehr als ein Kind hat und außerdem noch berufstätig ist, klappt nichts mehr.

Ohne die totale Selbstaufgabe, ohne stete Bereitschaft zu helfen, zu unterstützen und auszubügeln, was der Lehrer verbockt hat oder zu faul ist, selbst in die Hand zu nehmen, läuft rein gar nichts in der Schule. Das sagt einem natürlich kein Lehrer direkt ins Gesicht. Sie gehen einfach davon aus, dass man zur Verfügung steht. Denn ihre Botschaften darf man nur zum Nachteil der Kinder ignorieren. »Bis morgen muss ich …«, »nächste Woche sollen wir …«, »Frau Friedensreich-Bedürftig hat gesagt, dass ich …« – all diese Sätze im Gespräch zwischen Schülern und ihren Eltern enthalten beinharte Forderungen an die Eltern, vor allem an die Mütter, die sich dann zu kümmern haben.

Es ärgert mich, dass ich über Hausaufgabenwahnsinn, Terminterrorismus und elternabendlichen Torturen so aus dem Blick verliere, dass es sich bei den Kindern nicht nur um Wackelkandidaten, Schnellleser, Sitzenbleiber oder Mathe-Asse handelt, sondern um liebenswerte, aufgeweckte und nachdenkliche kleine Menschen. Die unzähligen Marmorkuchen, Berge von Kartoffelsalat, Kaskaden von Plätzchen und Ströme von Limonade und Früchtetee für Sommer-, Winter-, Weihnachts- und Zwischendurchfeste, die ich zu liefern habe – gebongt. Kostbare Wochenenden, die ich liebend gerne mit meinen Kindern verbringen würde, der Schule mit dem Renovieren des Klassenzimmers oder dem Reparieren von Tischen oder für die Reinigung des Schulgebäudes zu opfern – auch noch gebongt. Dass ich mir auf unzähligen Elternabenden den Hintern auf winzigen Stühlchen platt sitze, um mir von der Klassenlehrerin erklären zu lassen, dass eine Milchschnitte etwas anderes als ein gesundes Frühstück ist und man auch neben der obligatorischen Rohkost in der Brotbox nicht das kleinste Bonbon zu akzeptieren bereit ist, weil es ein Kind in der Klasse gibt, das beim Anblick von Bonbons nicht an sich halten kann, oder im Falle einer bevorstehenden Klassenfahrt schriftliche Anweisungen erhalte, wonach ich dem Kind eine Zahnbürste in die Kulturtasche zu packen habe – das schaffe ich noch, wenn auch nur mit Zähneknirschen. Auch tausche ich mich mit erwachsenen Menschen eine geschlagene Stunde lang über die Modalitäten des Postkartenverschickens für das verreiste Kind aus. Soll man die Karten vorab der Lehrerin mitgeben? Soll jeder einzeln schreiben und schicken, wann er will? Oder soll doch besser der Elternvertreter die Karten einsammeln und dann en gros in den Briefkasten werfen? Die Lehrerin stellt die verschiedenen Varianten zur Diskussion, wägt sorgsam Für und Wider ab.

Nach einer Stunde Debatte machen wir es wie immer, nämlich so, wie sie es haben will. Schließlich wissen wir alle, dass es dem Kind zum Nachteil gereichen könnte, wenn wir etwas tun, das die Lehrerin nicht goutiert. Wohl fühlen sollen sie sich in ihrer Schule, die Kinder und die Lehrerin, die sich als »Klassenmutter« bezeichnet und nicht müde wird, auf dem Elternabend im gnadenlos vollgestopften Klassenzimmer der Erstklässler herumzufuchteln, um all die schön ge malten Bilder, die kuschelige Spielecke voller Puppen und Legosteine und erst die lustigen Basteleien der Aufmerksamkeit der Eltern zu empfehlen, damit die mal sehen, »wie schön gemütlich wir's hier haben«.

Ab heute wird zurückgeschrieben

So viel Einsatz muss anscheinend sein: Während ich abends die blonden Schöpfe meiner beiden Jüngsten nach Läusen durchsuche, weil mich ein Zettel der Lehrerinnen dazu auffordert, und dem Ältesten die fälligen Lateinvokabeln abfrage, knallt mir meine Tochter das auf den Tisch:

»Liebe Eltern,
nach Durchsicht der 2. Klassenarbeit hat sich gezeigt, dass die Kenntnisse Ihrer Tochter Pauline im Fach Englisch erhebliche Mängel aufweisen. Folgende Maßnahmen schlage ich Ihnen daher vor, damit die Lücken geschlossen werden können. Intensives Wiederholen und Einüben der folgenden Zeiten: Present tense (simple & progressive), Past tense (simple & progressive), Present perfect, will-Future, going-to-Future. Pauline sollte die Wortpartner der Verben ›do‹ und ›make‹ und den Gebrauch reflexiver Verben im Englischen wiederholen. Ich empfehle die Anschaffung einer Schülergrammatik und die Anschaffung des Workbooks zum Lehrbuch New Green … zur vertiefenden Übung des Unterrichtsstoffes. Bitte üben Sie mit Ihrem Kind …«

Ja, geht's noch? Den Stoff mindestens eines Schuljahres mit meiner Tochter zu wiederholen, das schaffe ich doch locker in der Zeit zwischen Tagesschau und Wetterkarte. Was hat dieser Englischlehrer eigentlich gemacht seit Schuljahrbeginn? Zu gern schriebe ich zurück:

»Lieber Lehrer!
Trotz etlicher Ermahnungen und vieler Gespräche mit meinen Familienmitgliedern hat sich gezeigt, dass meine Tochter sich nicht an unsere Vereinbarungen hält. Ich bitte Sie daher, mit ihr zu besprechen, was sie selbst dazu beitragen kann, damit sich die Situation in der Familie entspannt. Besonders ihre Beteiligung an der Hausarbeit weist erhebliche Mängel auf. Intensives Wiederholen der diesbezüglich getroffenen Vereinbarungen, das Auffrischen der eingegangenen Verpflichtungen halte ich für angezeigt. Pauline sollte daran erinnert werden, wo nasse Socken hingehören, was mit einem überquellenden Mülleimer zu geschehen hat und wie mit leer gegessenen Joghurtbechern zu verfahren ist. Ich fordere Sie hiermit auf, einen Teil dieser Arbeiten gemeinsam mit meinem Kind in der Englischstunde zu erledigen: Bitte räumen Sie doch auch mit ihr zusammen ihr Zimmer auf, und tragen Sie Sorge, ihre rudimentären Kenntnisse im Bereich des pfleglichen Umgangstons mit ihren nächsten Verwandten noch einmal aufzufrischen. Mit freundlichen Grüßen …«

Ach ja, das auch noch:

»Bitte bestätigen Sie mit Ihrer Unterschrift, dass Sie von diesem Schreiben Kenntnis genommen haben.«

Das wär's doch – und nicht das: Mütter pauken die englischen Zeiten, und Lehrer bringen eben nicht den Mülleimer runter.

Die Autorität derer, die sich als Lehrer ausgeben,
schadet oft denen, die lernen wollen.
CICERO

4. Kapitel

Mus ma fela machn döfen?: der erste Elternabend

Für diesen ersten Elternabend der Erstklässler hat sich die nette Lehrerin etwas ganz Besonderes ausgedacht. »Ich möchte Ihnen zeigen, wie Sie sich einmal in Ihre Kinder hineinversetzen können«, eröffnet Frau Friedensreich-Bedürftig den versammelten Eltern, die in kompletter Klassenstärke angerückt sind. Au ja, das wollten wir doch immer schon gerne erfahren. Etwa dreißig Erwachsene, die meisten im besten Alter für Bandscheibenvorfälle, ruckeln auf den Zwergenstühlchen hin und her. Schon jetzt schielt hier und da einer verstohlen auf die Uhr über der Klassenzimmertür, die auf halb acht zeigt. Ein zaghaftes Klopfen an der Tür beantwortet Frau Friedensreich-Bedürftig mit einem forschen Herein! und bedenkt die zu spät Gekommene mit einem tadelnden Blick. Automatisch schuldbewusst murmelt die Mutter von Jonas irgendwelche um Verständnis bittenden Worte und huscht geduckt zum letzten freien Stuhl. »Wir beginnen hier pünktlich«, sagt Frau Friedensreich-Bedürftig und droht schalkhaft mit dem Lehrerfinger. Gleich beginnen die roten Hektikflecken auf dem Gesicht der Gescholtenen zu glühen. »Also, wir werden heute mal ein Spiel spielen«, nimmt die Lehrerin den Faden wieder auf und übergeht so manche gerunzelte Stirn mit gouvernantenhafter Überlegenheit. Kein Zweifel, sie weiß, was gut für uns ist.

Dicke, dreieckige Schreiblernstifte stehen auf den Tischen bereit, die immer zu zweit zusammengerückt sind. An der Tafel hängt die Anlauttabelle, nach der unsere Sprösslinge sich in der Welt des Schriftlichen vorankämpfen. Wir erfahren, dass einige Kinder schon ganz gut die Buchstaben erkennen, andere bräuchten wohl noch länger. Üben käme natürlich nicht in Frage, denn Schreibenlernen solle ja nicht in Stress ausarten. Wir erfahren natürlich auch nicht, ob das eigene Kind sich schwertut, leichttut oder überhaupt etwas tut. Denn Namen werden nicht genannt, der Hinweis auf die vermeintlich schützenswerten Persönlichkeitsrechte der anderen Kinder muss uns als Begründung genügen. Es geht ja auch nie um bestimmte Kinder, sondern strikt immer nur um »die Klasse« und höchstens einmal um Teilmengen dieser Klasse – dann ist von Jungs und Mädchen die Rede.

So hofft jeder vor sich hin, dass es jedenfalls nicht das eigene Kind ist, das noch ein bisschen länger braucht. Und wenn doch, dann wüssten wir das nur zu gerne, denn dann würden wir sofort in die Bresche springen – Ehrensache. Schließlich ist die Schrift erst fünftausend Jahre alt – viel zu kurz, um die Orthographie und grammatische Regeln ins menschliche Erbgut einzubrennen. Wer also schreiben und lesen will, muss sich diese Technik mühsam aneignen. Dafür ist eigentlich die Schule da. Doch die Eltern können helfen – aber nur, wenn die Lehrerin sie dazu auffordert. Keinerlei Druck sollten wir da ausüben, hören wir und fragen uns still, wo der Druck eigentlich anfängt. Darf man sich die

Arbeitsblätter noch zeigen lassen, oder wäre das jetzt schon zu viel? Wäre es besser, nur zweimal in der Woche zu fragen, ob es etwas Neues gibt? Oder soll man doch von Anfang an danebensitzen und nicht müde werden, das, was das Kind da kritzelt, in den höchsten Tönen zu loben? Wir erfahren weiterhin, dass die Kinder halt verschieden seien. Überdies sei das Lernen in diesem Alter nur als spielerische Welterkundung zu verstehen, Druck könne da immens schaden, mahnt Frau Friedensreich-Bedürftig.

Dann teilt sie Papier aus und legt auf jeden Tisch ein Blatt mit einer Art Geheimschrift. Für jeden Buchstaben gibt es ein Symbol. Wir sollen jetzt anhand der Symbole, jeder für sich natürlich, zuerst unseren Namen und danach einen netten Satz über unseren Nachbarn schreiben, erläutert sie diese wirklich ganz reizende Idee. »Und nicht abschreiben«, kichert die Lehrerin. Gleich sitzen wir da wie sonst unsere Kinder. Es wird ganz still. Bald kaut hier einer unwillkürlich auf dem dicken Stift herum, wird eine Zunge zwischen die Zähne geklemmt, ein schneller Blick auf das Blatt des Nachbarn geworfen. »Das ist wunderbar!«, jubelt die Superpädagogin und klatscht in die Hände. Sie schwirrt von Tisch zu Tisch, jauchzt ein ums andere Mal und kann sich kaum einkriegen vor Begeisterung. »Seht ihr jetzt mal, wie schwer das ist«, ruft sie in schrillem Diskant, »seht ihr jetzt mal, was eure Kinder da tagsüber leisten!« Wir sind schwer beeindruckt und brüten weiter über unseren ersten selbstgeschriebenen Botschaften. Sie hat den Fotoapparat gezückt und knipst ekstatisch. »Das sollen eure Kinder auch mal sehen, wie das aussieht, wenn ihr arbeitet«, strahlt sie in die Runde und erntet so manches schiefe Lächeln. Die aufkeimende Verlegenheit der Eltern über ihren enthusiastischen, vom pädagogischen Affen gebissenen Auftritt ignoriert sie geflissentlich. Nach einer Stunde ist die Übung geschafft. Jetzt, wo wir wissen, wie hart unsere Kinder arbeiten und wie segensreich das Engagement ihrer Lehrerin ist, können wir unser Glück über diese gute Lehrerin, die unsere Kinder da haben, gar nicht hoch genug rühmen. So nett aber auch.

Sie versteht ihr Handwerk, kein Zweifel. Und niemand wagt eine Nachfrage, als sie anschließend ihre didaktischen Glaubenssätze referiert. Dass es heute in der Schule anders zugehe als früher, klärt sie uns auf. Wo wir in Kindertagen noch aufgereiht sitzen und den Frontalunterricht über uns ergehen lassen mussten, sei das heute alles viel lockerer. Die Kinder säßen jeweils zu viert an den beiden Tischen, so ergäben sich Lerngruppen, die der Teamarbeit sehr förderlich wären. Sicher sei Ziel der ersten Klasse, dass möglichst viele Kinder alle Phoneme normgerecht artikulieren könnten, doch ihr pädagogisches Herz gehöre nun mal dem freien Schreiben. »Was heißt das genau?«, fragt dann doch eine Mutter vorsichtig nach. »Ach, entschuldigen Sie bitte«, kommt es gönnerhaft zurück, »ich will Sie ja gar nicht mit pädagogischem Fachchinesisch langweilen. Das heißt nur so viel, dass die Kinder bei mir schreiben dürfen, wie sie wollen. Auf die Richtigkeit kommt es nämlich gar nicht an.« Hm.

Vereinzelt kräuselt ungläubiges Staunen die Stirnen. »Ja, sehen Sie«, trumpft die Lehrerin auf, »das ist eben heute anders als früher in Ihrer Schulzeit. Ich will den kreativen Ausdruck der Kinder fördern, sie sollen frei und ungehemmt drauflosschreiben. Wenn wir darauf bestehen würden, dass sie die Worte richtig schreiben, würden wir die Kinder nur verschrecken und blockieren.« Eine Schreibblockade riskieren, bevor das Kind überhaupt schreiben kann? Nein, das wollen wir natürlich alle nicht so gerne. Schließlich haben wir ja noch am eigenen Leib erfahren, welche seelische Grausamkeit darin zum Ausdruck kommt, wenn man voller Stolz einen selbstgeschriebenen Satz präsentiert und dann vom Lehrer korrigiert wird. Genau genommen grenzt es an ein Wunder, wenn es einigen von uns gelungen ist, den Widerwillen gegen den schriftlichen Ausdruck im Zaum zu halten und auch später im Leben noch hin und wieder einmal zum Stift zu greifen, um einen Einkaufszettel zu schreiben.

Die Paukschule von früher ist passé, und das ist auch gut so. »Sie hatten früher ja sicher noch Fibeln«, barmt die Lehrerin. »Wir haben heute Arbeitsblätter, die die Kinder selbständig gestalten und dann immer schön abheften. Und am Ende des Schuljahres hat dann jedes Kind seine eigene selbstgemachte Fibel.« Jetzt klatscht sie doch tatsächlich in die Hände. »Ist das nicht toll?«

Neues Lernen: alles ganz cool

Nein, ich fange jetzt nicht an zu zetern über die Zettelwirtschaft meiner drei größeren Kinder, die in ihren sechs Grundschuljahren nicht gelernt haben, eine Art Ordnung in dem Papierwust zu halten, die ihnen wenigstens erlauben würde, das Arbeitsblatt vom Mittwoch am Donnerstag wiederzufinden. Für die Gruppenarbeit noch stets ein Freifahrtschein zu ausgiebigen Quatschrunden war, in denen der Unterrichtsstoff sang- und klanglos untergegangen ist. Für die Projektwochen nicht mehr als eine Art ausgedehnter Wandertag mit ein bisschen Schule und ohne Hausaufgaben waren. Die schon ganz klasse spielen konnten, als sie in die Schule kamen und sich aufs Lernen gefreut haben. Und dann ganz verspielt auf der nächsten Schule verzweifelt sind, weil sie nicht mitbrachten, was dort verlangt wurde: die Fähigkeit zu tendenziell spielfreiem und, mein Gott ja, sogar spaßfreiem Lernen, wenn es unbedingt mal sein muss. Von alldem sage ich nichts, auch weil ich nicht gleich am ersten Elternabend auf Kollisionskurs gehen will. Denn das hätte wohl zuallererst mein Sohn auszubaden.

Das spielerische Lernen, zu dem sich auch diese mutige Pionierin der pädagogischen Zunft so unerschrocken bekennt, trifft den Nerv der Zeit doch eher. Mal ehrlich: Man macht sich doch ein bisschen lächerlich, wenn man auf die Einhaltung von Rechtschreibregeln besteht. Und hat etwa nicht die grassierende Unfähigkeit von jungen Menschen, dieses Regelwerk zu meistern, das ihre Eltern nur mit merklichen seelischen Beschädigungen und spürbaren Einbußen an Kreativität bewältigen konnten, längst eine zeitgemäße Antwort der Kultusbürokratien gefunden? Sicher, die Kinder lernen heute nicht mehr, richtig zu schreiben. Dann muss man eben die Meßlatte tiefer hängen und die Regeln so umdefinieren, dass auch falsches Schreiben richtig ist. Nicht mehr als logisch, dass die Pflicht der Lehrer, sechs bis acht Diktate pro Schuljahr schreiben zu lassen, nun auch in elf von 16 Bundesländern abgeschafft wurde.

Ihre ureigene Aufgabe in diesem Lernprozess formuliert Frau Friedensreich-Bedürftig griffig: »Schreibanlässe schaffen und Mut machen. Mehr ist gar nicht nötig.« Dann gibt sie aber noch etwas mehr Fachwissen preis. »Was Sie vielleicht als Fehler sehen, sind in Wahrheit Lernchancen! Nur aus Fehlern lernen wir. Fehler sind wertvoll für uns, um zu sehen, wie das Kind vorankommt.« Sie überprüft die Wirkung ihrer Worte durch einen langen Rundblick. Dann wirft sie die Arme in die Luft: »Ja, ohne Fehler zu machen, könnten wir alle doch gar nicht lernen!«

Einige Eltern nicken versonnen, als sie jetzt ihren kleinen Vortrag über die Stadien des Schriftspracherwerbs mit bedeutungsvoll erhobener Stimme krönt: »Die orthographische Kompetenz kommt erst zuletzt.«

Wie wahr – wenn überhaupt.

Natürlich hätte ich für meinen Jüngsten auch eine andere Grundschule wählen können, wenn mir der Stil nicht passt. Einmal abgesehen davon, dass die Kinder nach Einzugsbereich ihres Wohnortes auf die Grundschulen verteilt werden und ich ihn nur mit einer falschen Adresse an einer anderen Schule hätte anmelden können, sind die Grundschulen da doch alle gleich: Von Anfang an wird fröhlich gekritzelt, die ersten Worte auf Papier werden gefeiert wie blanke Heldentaten. Nach Kräften bestärkt, ermutigt und spielerisch erobert man sich hier wie dort das Alphabet. Noch sind die Klagen der Lehrherren und Hochschullehrer über die Lese-, Schreib- und Rechendefizite von Schulabgängern nicht mehr als übelwollendes Donnergrollen in weiter Ferne – Unkenrufe notorisch gestriger Besserwisser, die von schöpferischen Lernfreuden keine Ahnung haben. Im Schonbiotop Grundschule als einer Art verlängertem Kindergarten, mit Klassenzimmern, in denen die Spielecke die Tafel beinahe verdrängt hat, ist für Anstrengung jedweder Art kein Raum. Alles passiert immer schön spielerisch und druckfrei, und nach einem halben Jahr ist die Freude groß: Manche Kinder können schon kleine Zweiwortsätze schreiben, deren Sinn ihnen selbst jedenfalls klar ist.

»Fela mus ma machn döfen«, hieß es auf dem erklärenden Faltblatt, das die Klassenlehrerin auf einem der nächsten Elternabende verteilte.

»Bloß nicht verbessern!« …

so wies sie besorgte Eltern an und malte sogleich die fürchterlichsten Konsequenzen für den spielerisch lernenden Nachwuchs in düsteren Farben: Für den Fall, dass die Eltern so früh auf korrekter Schreibweise bestehen würden, liefen sie Gefahr, die sprudelnden Quellen der Schreibfreude, die die Lehrerin mit so viel Mühe freigelegt hatte, sogleich versiegen zu lassen. »Die Buchschrift, wie wir das fehlerfreie Schreiben hier nennen«, lächelt sie nachsichtig, »die hat noch so viel Zeit.«

Das böse Wort vom Schulstress fiel und rief das andere Gespenst unbeschwerter Schultage gleich mit auf den Plan: Leistungsdruck. Einige Eltern erbleichten, manchen wurde sogar speiübel. Uns alle durchfuhr ein kalter Schauer, was die Lehrerin mit unverhohlen zufriedener Miene goutierte. Dabei war das gar nicht böse gemeint. Manche Eltern hatten doch nur zuerst sich selbst, dann einander und schließlich die Expertin fürs frühe Lernen fragen wollen, was man denn nun eigentlich sagen solle, wenn das Kind frage, ob »Fogel« beispielsweise denn nun so richtig geschrieben sei? Die wahrheitsgemäße Antwort könne das Kind verschrecken, andererseits wolle man doch nicht dreist lügen. Denn wie stehe man da, wenn das Kind eines Tages selbst dahinterkomme, wie der Vogel vorne geschrieben wird? Soll man den Fall herunterspielen, die Frage überhören und ermutigend über den Kopf streicheln, dabei versichern, dass alles ganz prima sei und man ja staune, dass der kleine Sonnenschein wirklich schon so gut schreiben könne?

Da schüttelt die Expertin fürs Lernen betrübt den Kopf. »Das hat noch ganz viel Zeit. Schauen Sie doch lieber mal auf die wunderbaren kleinen Geschichten, die Ihre Kinder da geschrieben haben.« Sie deutet auf die Wand, an der sich jedes Kind mit einer Art Text verewigt hat, der den letzten Wandertag betraf. »Das haben die Kinder auf dem Computer geschrieben«, erläutert sie stolz. Zumindest die Buchstaben sind gut lesbar, noch dazu in Bildzeitungsschlagzeilenformat vergrößert. »Sie erkennen sicher die phonetische Rechtschreibung«, setzt sie keck hinzu, »die Kinder schreiben eben, wie sie sprechen.« Meinen schüchternen Einwand, die falschen Schreibweisen der Worte könnten sich zu sehr einprägen, wenn die Kinder auch noch Tag für Tag darauf schauten, wischt sie mit einer ungeduldigen Handbewegung einfach weg.

Dabei weiß ich schon aus Erfahrung ganz gut, wie das weitergeht. Mein ältester Sohn hat bis zum Ende der dritten Klasse überwiegend phonetisch geschrieben, und im guten Glauben auf das überlegene Geschick der Fachfrau fürs Deutsche habe ich ihn gewähren lassen und hätte mich lieber in Stücke reißen lassen, als ihn auf Auffälligkeiten im schriftlichen Ausdruck hinzuweisen, die man früher so brutal Fehler nannte. Fehler – wie gemein sich das schon aussprechen lässt. Doch, doch, die Ächtung dieses Unworts war längst überfällig und hat die Verbannung aus dem politisch korrekten Sprachgebrauch der Grundschule redlich verdient. Gehört der Fehler nicht genau genommen auf den Müllhaufen der diskriminierenden Begriffe? Ab in die Tonne mit dem Kinderschreck aus alten Zeiten – zu den Negerküssen, den Zigeunerschnitzeln, den Atommülldeponien, wo der Wortmüll seiner Wiederauferstehung als Schaumgebäck, Paprikaschnitzel und Entsorgungspark entgegendämmern mag: wenn der Fehler sich zur Lernchance geläutert hat, darf er bleiben.

Bauchschmerzen am Scheideweg

Als der Übergang zur nächsten Schule näher rückte, stieg meine Nervosität. Also habe ich mir hin und wieder eine Bemerkung über den praktischen Nutzen von Satzzeichen erlaubt und versucht, spielerisch die Sinnhaftigkeit von Groß- und Kleinschreibung zu begründen. Ganz in der gebotenen Beiläufigkeit, mit sehr versöhnlichem Ton und mit aufmunterndem Zwinkern habe ich versucht, meine Anregungen zu plazieren, wenn er mir mal wieder etwas Geschriebenes gezeigt hat, voller Stolz und in gespannter Erwartung meines überschwenglichen Lobes angesichts seiner höchstens mittelmäßigen Leistung.

Ab dem fünften Schuljahr gab es dann auch Noten, die das Blümchen, den kleinen Stern oder das Lachgesichtchen ablösten, die in den Jahren davor dem Kind eine glasklare

Rückmeldung über seinen Leistungsstand gaben. Selbstverständlich hatte der Faktor Rechtschreibung nur einen klitzekleinen Einfluss auf die Note, wie die Deutschlehrerin beim Elternabend gern referierte. Eine Position, die die sattsam bekannten Argumente stützt, die schon ein normal fauler Zehnjähriger gegen mütterliche Anregungen vorzubringen versteht.

Natürlich hatte Johannes niemals Lust, tägliche Übungsdiktate von mir über sich ergehen zu lassen. Er hat den ganzen Zinnober um die Rechtschreibung schlicht nicht verstanden. Auch hat es ihn nicht weiter beeindruckt, wenn ich es ganz traurig fand, dass er immer noch mit dem Dehnungs-h auf Kriegsfuß steht. Um ehrlich zu sein: Seine Diktate wimmeln bis heute von Lernchancen.

Dann war sein drittes Schuljahr zu Ende, die Sommerferien kamen, und danach ging's richtig zur Sache. »Die Rechtschreibleistungen in der Klasse sind sehr schlecht«, eröffnet der neue Klassenlehrer den Elternabend. »Die Lage ist sehr ernst. Beim Test hat die Hälfte der Klasse eine Fünf geschrieben. Da wird es jetzt allerhöchste Zeit, dass Sie nachfassen.« Seine Stimme zerschneidet das verdutzte Gemurmel der gescholtenen Eltern, die sich offenbar schuldig an diesem Desaster zu bekennen haben. »Schließlich wollen Ihre Kinder ja vielleicht mal aufs Gymnasium«, stichelt er weiter und schaltet den Overhead-Projektor an. Als eine fein verzweigte Tabelle an der Wand erscheint, die kein Mensch entziffern kann, weil die Tafel im Weg ist, räuspert er sich und wirkt dabei leicht ungehalten: »Ich werde Ihnen das jetzt mal erklären. Wir haben hier die Morpheme und erkennen darunter das gesamte Phonem- und Grapheminventar. Sobald das Kind bei der logographemischen Strategie eine gewisse Sicherheit erlangt hat, ist es in der Lage, gesehene Wörter aufzuschreiben. Dann erkennt es den Zusammenhang zwischen Lautung und Buchstabe, hier beginnt die alphabetische Strategie, die sehr mühsam ist.« Er lässt den Laserpointer über das Geflimmer an der Wand flitzen und erntet zustimmendes Kopfnicken. Schließlich will man sich ja nicht blamieren, indem man etwa zugeben müsste, nur Bahnhof zu verstehen. Dann wagt doch ein Vater die Zwischenfrage: »Was hat das denn mit Rechtschreibung zu tun?«

»Es geht hier um die verschiedenen Stufen im Erwerb der Schriftsprache!« Genervt schaut der sonst so joviale Klassenlehrer jetzt in die Runde. Aha, also doch. Irritiert schauen sich die Eltern an. Flüstern und Zischeln hebt an, Kopfschütteln macht die Runde wie eine La-Ola-Welle im Fußballstadion. Nur die vier tiefverschleierten türkischen Mütter verharren in unerschütterlicher Ruhe. Sie verstehen nämlich nicht ein Wort von dem, was der Lehrer da vorträgt. Und es steht zu vermuten, dass für den kleinen Jungen, den sie als Dolmetscher zum Elternabend mitgebracht haben, die deutschen Kirschen ebenfalls zu hoch hängen.

Dann endlich gibt sich der Elternvertreter einen Ruck, gehorcht widerwillig den auffordernden Blicken der Elternschaft. »Aber uns wurde doch in dieser Schule immer gesagt, wir sollten die Kinder nicht verbessern?« – »Jaja, nun«, kommt es gedehnt zurück und mit der Andeutung eines Kopfschüttelns über so viel Naivität. »Das war einmal …« Er hüstelt.

Alsdann beschreibt er die Tafel mit Literaturempfehlungen: Rechtschreibhilfeprogramme am Computer beispielsweise hätten in anderen Klassen hier und da schöne Erfolge gezeigt, da gebe es schon für 39,90 Euro didaktisch hervorragend aufbereitete CDs. Auch könne man in den Erzeugnissen dieses oder jenes Verlages brauchbare Arbeitsbücher finden, die zwar teuer, aber unbedingt empfehlenswert seien. Übungsdiktate, Regelwerke und die deutsche Grammatik seien ganz gute Hilfsmittel, mit denen Eltern dem Mangel an Orthographiekenntnissen nachhelfen könnten. Für die meisten Schüler würde es reichen, wenn die Eltern täglich eine halbe Stunde an diesem Problem arbeiten würden. Für einige käme sicherlich auch private Nachhilfe in Frage, da gebe es oft auch erschwingliche Lösungen. »Aber so jedenfalls kann es doch wohl nicht weitergehen, das werden Sie doch einsehen«, appelliert er in die Runde schuldbewusst gesenkter Köpfe – in puncto Rechtschreibung sind wir Rabeneltern, allesamt. Kein Zweifel, wenn die Hälfte der Klasse eine Fünf geschrieben hat, kann das ja nur an den Kindern und ihren Eltern liegen.

Und so ging es dann weiter …

Nach anderthalb Jahren Deutschunterricht im Gymnasium bläst Johannes' Deutschlehrer zum letzten Gefecht. Doktor Evil, so nennen ihn seine Schüler, ist ein Prachtexemplar seiner Zunft: als »der Germanist« stellte er sich seinerzeit vor, genau wie der Mathematiker, der Anglist und der Physiker an diesem ersten Elternabend. Meine halblaut gemurmelte Frage »Und wann kommt der Lehrer?« fand eigentlich keiner wirklich lustig.

Nun ist dieser Fachbeamte für den Deutschunterricht auch noch Klassenlehrer geworden; zweifellos besetzt er damit eine besondere Vertrauensposition für die Kinder. Die jedoch waren schockiert, denn eigentlich waren sie mit der Hoffnung in die Sommerferien gegangen, im nächsten Schuljahr einen neuen Deutschlehrer zu kriegen. Warum eigentlich dürfen Kinder ihren Klassenlehrer nicht selbst wählen? Ihn jedenfalls wollte keiner haben, und jetzt müssen sie sehen, wie sie mit diesem kaltherzigen Fachidioten über die Runden kommen. Doktor Evil kleidet sich stets überkorrekt und hat sich längst mit einem in überheblicher Routine erstarrten maliziösen Lächeln gegen jedwede Unregelmäßigkeit gewappnet. Das welke Mündchen stets missbilligend gespitzt, schiebt er seinen dicken Bauch auf kurzen Beinen durchs Leben. Er raucht stark, und das riecht man. Denn er liebt es, ganz nah an die sitzenden Schüler heranzutreten, um zu belehren. Jeder in der Klasse ekelt sich vor seinem Mundgeruch, hat mir Johannes erzählt. »Echt, Mama, ich könnte kotzen, wenn der sich von hinten über mich beugt.«

Aber niemals würde einer wagen, ihn darauf aufmerksam zu machen oder um etwas Abstand zu bitten. Schneidender Zynismus ist seine Wunderwaffe, gegen die alle Kinder machtlos sind. Damit erfüllt er sich den wütenden Drang kleiner Männer, denen die Natur Größe verweigert hat, und schafft es trotzdem, auf alle anderen herabzusehen: In der Dämmerung werfen die Zwerge den längsten Schatten.

Auf dem Sommerfest der Schule hat er geruht, den Getränkestand aufzusuchen, den Johannes mit seinem Freund Felix betrieb. Er hat einen Saft gekauft und den beiden Jungs dann gönnerhaft die zwei Euro Wechselgeld geschenkt. Da haben sie sich artig bedankt. Und er quittiert: »Na, solange ihr das nicht für Sex ausgebt«, bricht daraufhin in meckerndes Gelächter aus und zieht von dannen. Die beiden Jungs waren sprachlos, knallrot seien sie geworden, haben sie mir berichtet. Johannes und Felix waren damals gerade mal zwölf Jahre alt, und abgesehen von der unwesentlichen Frage, was dieser ältliche Herr wohl glaubt, für zwei Euro an Sex erstehen zu können, hat es mir bei diesem leicht verstörten Bericht meines Sohnes den Magen umgedreht. Darf man denn so etwas zu zwölfjährigen Kindern sagen? Darf man das tun als jemand, der professionell mit Kindern umgeht?

Er lädt heute zum Elternabend und möchte die Kinder und die Eltern gemeinsam begrüßen. Kaum sitzen alle in dem schrabbeligen Klassenzimmer zusammen, legt er los: Händeringend und mit allen äußeren Anzeichen tiefster Verzweiflung klärt er uns salbungsvoll wieder einmal über unseren missratenen Nachwuchs auf. Heute stehen seine fruchtlosen Versuche, die Rechtschreibung in den Köpfen der Kinder zu verankern, im Mittelpunkt der Darbietung. Das letzte Diktat erbrachte einen Notendurchschnitt von 5,4.

»Ich habe anderthalb Jahre gegen die Klasse gekämpft«, posaunt er und unterstreicht seine Worte mit dramatischer Gebärde, »ohne den kleinsten Erfolg.« Seine Appelle seien ungehört verhallt, es sei ihm nicht gelungen, das Bedürfnis nach korrekter Schreibung zu implementieren. Kommas würden nach Gefühl gesetzt, die Endungen der Verben verschluckt, Substantive kleingeschrieben, das Dehnungs-h sei praktisch unbekannt, und was einen Konsonanten von einem Vokal unterscheide, ein starkes von einem schwachen Verb, den Konjunktiv I vom Konjunktiv II, darüber könne nicht ein einziger Schüler zweifelsfrei Auskunft geben. Alle

Schüler dieser Klasse seien einfach schlecht, schwadroniert der Pädagoge und sprudelt immer weiter in der Aufzählung der Ungeheuerlichkeiten, mit denen er sich in seinem Alltag herumschlagen müsse: Auf grenzenloses Unverständnis stoße er, wenn er den korrekten Einsatz der Tempi anmahne, und wage es dieserhalb kaum, den Schülern die Feinheiten der beiden Konjunktive im Deutschen zum Gebrauch nahezulegen. Noch nie habe er eine derart schlechte Klasse zu unterrichten gehabt, er, der bereits achtundzwanzig Jahre im Schuldienst etliche Klassen in Deutsch zu unterrichten gehabt habe.

Genüsslich zählt er die schrecklichsten Fehler aus dem letzten Diktat auf, natürlich ohne Namen zu nennen. Das ist auch gar nicht nötig, denn zu jedem verabscheuungswürdigen Beispiel menschlichen Versagens, das er da so wortgewandt anprangert, leuchtet gleich ein Kindergesicht schamrot auf. Die Jungs versuchen sich wegzuducken, die Mädchen lassen die langen Haare nach vorne fallen. Von den versammelten Neuntklässlern kommt den ganzen Abend lang kein Wort. Dafür wird umso hemmungsloser über ihre Schwächen hergezogen. Über die Gründe für diese gewaltige Pleite muss der Germanist nicht spekulieren, die hat er inzwischen längst ausgemacht: »Die Schüler mögen uns heute nicht mehr. Sie sind ungezogen, führen sich auf wie die Wilden und hören auf keine Anweisung. Wenn wir sie bitten, einen Korrekturrand im Heft zu lassen, ist ihnen das egal. Oder dass ich lieber richtig geschriebene Wörter mag, auch das ist ihnen egal.« So führt er uns durch sein berufliches Jammertal, diesen wüsten, leeren Ort, den schon seine Vorgänger ruiniert haben: »Die Grundschullehrer haben es versäumt, hier Grundlagenarbeit zu leisten«, wäscht Doktor Evil seine Hände in pädagogischer Unschuld.

Na, und wennschon: Anderthalb Jahre liegen jetzt zwischen der Grundschule und dem Gymnasium. Theoretisch achtzehn Monate mit Hunderten von Deutschstunden, das sollte doch Zeit genug sein, wenn man bedenkt, dass Sprachinstitute sich anheischig machen, innerhalb von sechs Monaten Schüler aus aller Herren Ländern mit der deutschen Sprache vertraut zu machen. Und dieser Unterrichtsbeamte rhetorisiert sein Armutszeugnis zu einer gewaltigen Anklage. Natürlich sind die Kinder frech, faul, vergessen ihre Hausaufgaben und verstehen Aufgaben falsch. Und ja, auch die Pubertät grassiert. Das wissen wir Eltern wohl am besten. Aber muss ein Lehrer das nicht hinkriegen können? Einer Handvoll wohlerzogener, pflichtbewusster und leistungsbeflissener Kinder etwas beibringen – das kann doch jeder. Liegt die eigentliche Aufgabe nicht darin, wo sie am schwierigsten ist: bei den lernunwilligen, unsympathischen, renitenten und gleichgültigen Kandidaten? Wenn es ihm nicht gelungen ist, wenigstens ein Minimum an Wissen über das geschriebene und gesprochene Wort in den Köpfen zu verankern, ist dann wirklich der Grundschullehrer allein schuld?

Wir wollten schon aufatmen und eine gemeinschaftliche Schimpfkanonade auf die Grundschullehrer abfeuern, doch so billig kommt hier keiner weg. »Ich flehe Sie an und fordere Sie dringend auf, erklären Sie, üben Sie, kontrollieren Sie.« Dann entlarvt er seine pädagogische Pleite mit dem einen Standardsatz, den man als Lehrer für solche Fälle parat hat. »Das lässt sich heute nicht mehr durchsetzen.« Rums. Dann fällt ihm zum Thema Rechtschreibung noch etwas mehr ein. »Wenn Sie als Eltern es an Wertschätzung meiner Bemühungen fehlen lassen, dann gebe ich jetzt auf.« Wie das? Der gelernte Lehrer kapituliert, und wir sollen's richten? Ich wage die Frage, woher er eigentlich das Zutrauen in die didaktischen Fähigkeiten der Eltern dieser Klasse bezieht, das ihm die Aufforderung nahelegt, jetzt als Fachmann aufzugeben und Laien an die Arbeit zu schicken. Was würden wir wohl sagen, wenn wir einen Klempner damit beauftragt hätten, die Waschmaschine zu reparieren, und der dann nach zwei, drei teuren Arbeitsstunden die Zange hinwirft, weil er's nicht hinkriegt – und dem Kunden aufträgt, das Ding selbst zu reparieren? Wir würden wohl kaum die Rechnung anstandslos überweisen und uns selbst ans Werk machen.

Die Antwort des Lehrers besteht in einem Achselzucken, dem er dann noch den zweiten Standardsatz gescheiterter Didaktiker hinterherwirft: »Das möchte ich jetzt nicht bewerten.«

Zu gern hätte ich noch angeboten, sehr gerne einen Teil seiner Aufgaben zu übernehmen und den Kindern die Rechtschreibung nahezubringen. Allerdings nur gegen einen Teil seines Gehaltes, das er unter anderem auch für diese Aufgabe bezieht. Doch ein anderer kommt mir zuvor.

»Müssen wir jetzt alle Nachhilfestunden bezahlen?«, erkundigt sich ein Vater und grinst mich an. »Ich bin nämlich Klempner.« Diese Eröffnung trägt ihm ein paar nervöse Lacher in den Bänken ein, die der Lehrer wohlüberlegt verklingen lässt, bevor er kühl zum Gegenangriff ansetzt. »Das wäre wohl dringend anzuraten«, lässt er sich leicht näselnd vernehmen, »wenn Ihnen der Schulerfolg Ihrer Kinder etwas bedeutet.« Er legt die Fingerspitzen aneinander, unterlegt seine Worte mit einem tiefen Seufzer. Auf seiner Stirn erscheinen tiefe Falten. »Ich möchte doch nicht annehmen müssen, dass Ihre Kinder nicht aufs Gymnasium gehören«, spricht er sehr leise, und es klingt wie eine Drohung. Da wird es lebendig in der Elternschaft. »Moment mal«, meldet sich der bekennende Klempner erneut. »Da hätte ich noch mal 'ne Frage zu dem letzten Diktat.« Doktor Evil lugt über den Rand seiner Brille mit einem Gesicht, als betrachte er gerade etwas sehr Ekelhaftes auf dem Objektträger. »Bitte«, kommt es knapp. »Also, sagen Sie mir doch mal, wie viel Zeit Sie brauchen, um ein Diktat zu korrigieren.« Und zu den anderen Eltern gewandt, zwinkert er etwas gewollt verschwörerisch: »Ich bin nämlich auch Ausbilder und kenn mich mit den jungen Leuten aus.« Doktor Evil dreht die Augen gen Himmel, verliert einen Moment lang die Contenance. Seine unendlich überlegene Pose bröckelt, doch gleich hat er die Situation wieder im Griff. »Hm, warten Sie mal«, kommt es gedehnt, »zwanzig Minuten brauche ich pro Diktat.« – »Soso, zwanzig Minuten also.« Der Klempner lässt sich die Auskunft auf der Zunge zergehen. Siegesgewiss lehnt er sich zurück. »Und gerade haben Sie doch gesagt, jeder Schüler hätte nach dem Diktat zehn Minuten Zeit, alles noch mal durchzulesen?« – »Ja, und?« Verwirrt blinzelt der Lehrer den Klempner an. »Was wollen Sie damit sagen?« Jetzt hat er ihn. Der Klempnermeister schickt einen zufriedenen Blick in die Runde, verschränkt die Arme über der breiten Brust und wippt kaum merklich mit dem Stuhl. Dann lässt er die Falle zuschnappen. »Nun ja, ich sag mal so.« Sorgsam dehnt er seine Worte. »Zehn Minuten für den Lehrling, wo der Meister sich zwanzig Minuten Zeit lässt? Da stimmt doch was nicht.« Bingo. Während die Eltern in albernes Gelächter ausbrechen, senkt der Lehrer den Kopf. Äußerlich ganz ruhig wartet er einfach ab, bis der Tumult sich gelegt hat. Dann sagt er: »Kommen Sie mir nur nicht mit so einem Blödsinn. Das kann man ja wohl kaum vergleichen. Den Besuch eines Gymnasiums«, und dann feuert er den Rest des Satzes ab, »mit einer handwerklichen Ausbildung.«

Schadensersatz: in der Schule nicht vorgesehen

Ja, warum denn eigentlich nicht? Den aufgeblasenen Dünkel dieses Deutschlehrers einmal beiseitegelassen, stellen wir uns doch das einfach mal vor: Was würde geschehen, wenn es im Fertigungsprozess irgendeines Autoherstellers so weit käme, dass fünfundzwanzig Prozent der jährlichen Produktion derart gravierende Mängel aufwiesen, dass die Firma gezwungen sein würde, ein Viertel der verkauften Fahrzeuge in die Werkstatt zurückzurufen? Welches Schicksal würde einem Möbelhändler blühen, der damit konfrontiert wäre, dass zehn Prozent seiner verkauften Schränke zusammenkrachten? Was würde aus einem mittelständischen Unternehmen werden, das sich erlauben würde, seine Dienstleistung zu einem so großen Anteil nicht zur Zufriedenheit seiner Kundschaft zu erbringen? Wer von uns Berufstätigen dürfte im Büro, in der Fabrik oder im Laden derart mangelhafte Leistungen erbringen und den Fehler dann dem Endprodukt oder dem Empfänger dieser Leistung anlasten? Natürlich ganz ohne Einkommenseinbuße oder den Entzug bestimmter Privilegien – von der Entlassung wegen mangelhafter Leistung, hohen Fehlzeiten und unzureichender Qualifikation mal ganz zu schweigen.

Was schlechte Lehrer von schlechten Autobauern, schlechten Handwerkern oder schlechten Verkäufern unterscheidet, ist vor allem eines: Überall in der Wirtschaft müssen schlechte Unternehmen die Kosten und die Konsequenzen ihrer Unfähigkeit selbst tragen. Das führt nicht selten direkt in den Konkurs. Schlechte Lehrer dagegen füttern wir bis zur Frühpensionierung durch und lassen sie Tag für Tag auf unsere Kinder los.

Nun sind Schulen keine Fabriken, Kinder keine Produkte, und erst recht sind Lehrer keine Arbeiter. Doch die Frage sei spaßeshalber erlaubt: Wie kann es angehen, dass rund zehn Prozent eines Jahrgangs von Kindern die Schule ohne Abschluss verlassen, dass jeder dritte Schüler in Deutschland den Unterrichtsstoff nur noch mit Nachhilfe schafft? Sind denn wirklich immer nur die Kinder schuld, die es auf breiter Front an der richtigen Arbeitshaltung, Anstrengungsbereitschaft und Lernmotivation mangeln lassen und damit ihre wohlmeinenden, gut ausgebildeten, charakterfesten Lehrer zur Verzweiflung bringen? Beinahe jeder dritte Schüler braucht irgendwann in seiner Schulzeit Nachhilfe. Eltern berappen für diese Art privater Schadensregulierung jährlich rund zwei Milliarden Euro – Tendenz steigend. Die meisten schweigen und zahlen und hoffen, dass es hilft, wenn das Kind zweimal die Woche in diese Lernwerkstatt oder jenes Paukstudio geht. Da findet dann statt, was bei den gestressten Lehrern morgens zu kurz kommt: Individuelle Lernstile werden erkannt und bestärkt, die Kooperation mit Eltern gepflegt, das Schließen von Wissenslücken garantiert. Ja, sogar

Spaß an der Arbeit wird versprochen und vor allem zugesichert: Jedes Kind kann lernen. Die Eltern sind's zufrieden.

Sie glauben den Beschwerden der Lehrer über ihre unfähigen Kinder und spekulieren höchstens im Geheimen, dass vielleicht genau andersherum ein Schuh draus wird. Wir haben uns alle schon so lange daran gewöhnt, eine Fünf unter Klassenarbeiten so zu übersetzen, dass das Kind den Ansprüchen nicht genügt. Wir nehmen sogar hin, wenn dieses Urteil über die Hälfte der Klasse verhängt wird. Dabei weist doch jede Zensur genau wie der Zeigestock immer in zwei Richtungen: »Mangelhaft« ist immer auch die Leistung des Lehrers, wenn sein Schüler eine Fünf kassiert – das ist die Botschaft hinter den vielen kleinen Bildungskatastrophen, die sich Tag für Tag in den Klassenzimmern der Republik ereignen.

Noten der Schüler sind Noten der Lehrer

Es ist überhaupt nicht so schwierig, die Arbeit eines Lehrers zu beurteilen, wie uns die Bildungsmafiosi und Medienpaten in Universitäten und Ministerien gerne glauben machen wollen. Sicher, die Ankündigung flächendeckender Evaluationsstudien mit Hilfe ausgefuchster Fragebögen und die Beauftragung prominenter Unternehmensberater, die dann eilfertig ein knallhart modernes Qualitätsmanagement-Inventar entwerfen, das macht sich gut in der Zeitung und bringt Quote im Fernsehen. Aber sonst? Was hilft uns denn ein »diagnostisches Instrument« wie beispielsweise die verbindlichen Vergleichsarbeiten mit hoch geheim gehaltenen Aufgaben am Ende der Jahrgangsstufe II, die die Lesegeschwindigkeit der Zweitklässler erfassen sollen, wenn gewitzte Schulleiter sich vier Wochen vorher die Unterlagen aus dem Nachbarland besorgt haben und dann ihr Kollegium anhalten, mit den Kindern vier Wochen lang zu büffeln, wo die Kreuzchen auf dem Fragebogen hingehören. Natürlich ahnen sie längst, dass es ein schlechtes Licht auf die Qualität ihres Unterrichts werfen würde, wenn die Kinder hier passen müssten. Also hat die Kuschelpädagogik vier Wochen Pause, der Projektunterricht macht Ferien, und die Gruppenarbeit darf sich erholen. Und die Kinder lernen schon mal, an der richtigen Stelle ihr Kreuzchen zu machen.

Ein Pauker hat die verdammte Pflicht und Schuldigkeit, sich wandlungsfähig zu erhalten. Sonst könnten die Schüler ja früh im Bette liegenbleiben und den Unterricht auf Grammophonplatten abschnurren lassen. Nein, nein, wir brauchen Menschen als Lehrer und keine zweibeinigen Konservenbüchsen! Wir brauchen Lehrer, die sich entwickeln können, wenn sie uns entwickeln wollen.

ERICH KÄSTNER, DAS FLIEGENDE KLASSENZIMMER

5. Kapitel

Warum Lehrer doch faule Säcke sind: die große Pause

Mit Dackelblick und gequältem Seufzer kündigt mir der Mathelehrer im Elterngespräch sein Leid. Nun könne ihm auch noch passieren, dass er vom Gymnasium wieder zurück an die Grundschule geschickt werde. Gerade jetzt, wo er sich so gut eingearbeitet hätte. Sieben Jahre lang! Meinen Einwand, dass er mir doch letztens erzählt habe, dass er eigentlich Grundschullehrer sei und die Versetzung ans Gymnasium ihm damals schlaflose Nächte bereitet habe, weil er sich den ganzen Stoff in Windeseile habe aneignen müssen, und er demnach jetzt doch erleichtert sein müsse, dass er wieder an die Grundschule zurückgehen könne, wischt er mit einer großen Geste einfach weg. Was einem da zugemutet würde von der Schulbehörde, da mache sich ja kein normaler Mensch eine Vorstellung. Jetzt schon wieder eine neue Schule. Neue Schüler und all das! Er seufzt abermals lange und traurig.

Wenn der Lehrer über sich selbst spricht, tut sein Gegenüber gut daran, sich auf die Stilform der Klage einzurichten. Sogar wenn man nicht ausdrücklich danach gefragt hat, was das werte Befinden so macht, entbietet einem der Lehrer selbst bei flüchtigen Begegnungen die Waschbrettstirn, seufzt zum Steinerweichen, schüttelt den gebeugten Kopf und winkt ab. »Sie machen sich ja gar keine Vorstellung, was man uns hier zumutet« oder »Mit diesen Schülern ist doch kein Unterricht zu machen«, das sind gängige Gesprächseröffnungen. Dann muss man auf der Hut sein. Schon ein mitfühlendes Murmeln lässt die Dämme der Contenance bersten. Mit zitternder Unterlippe malen sie ein schlimmes Berufsrisiko aus, das ja gemeinhin völlig verkannt wird. Ein Lehrer kann an eine andere Schule versetzt werden! Dann muss er sich völlig neu orientieren.

Andere verweisen mit hängenden Schultern auf ihre leidige Unterrichtsverpflichtung in Höhe von fünfzehn Wochenstunden, die sie langsam, aber sicher völlig auszulaugen droht. Andere erwähnen drohend ihr hohes Alter von dreiundfünfzig Jahren und schürzen bedauernd die Lippen, bevor sie dann ankündigen, diesen Stress jedenfalls bis zum Fünfundsechzigsten nicht mehr mitzumachen. Jeder weiß, was dann kommt: die vorsichtige Einleitung des Burn-out-Syndroms, das bekanntlich ein Drittel der Lehrerschaft dahinrafft, während sich ein weiteres Drittel verkannt, nicht anerkannt und für überfordert hält. Dass man sich im letzten Urlaub auf Gomera schon gar nicht mehr getraut habe, Ferienbekanntschaften im Gespräch den eigenen Beruf zu offenbaren, beschreiben wieder andere Menschen mit Klasse ihr alles überschattendes Imageproblem, das den Lehrern landauf, landab das Leben schwermache.

Zwar halten auch andere Berufe für die ihnen Angehörenden durchaus ihre Zumutungen bereit, doch im deutschen Jammertal schreit der Lehrer am lautesten. Busfahrer und Krankenschwestern haben Nachtdienst. Ärzte schieben Sechsunddreißig-Stunden-Schichten. Supermarktkassiererinnen werden schlecht bezahlt. Journalisten, Fernsehmoderatoren und Taxifahrer können von einem Tag auf den anderen gefeuert werden. Architekten sind es meistens schon. Industriearbeiter verzichten lieber auf Gehaltserhöhungen und Urlaubstage, als ihre Jobs zu verlieren. Freiberufler kennen Urlaub nur vom Hörensagen. Künstler schlagen sich im Nebenberuf als Versicherungsagenten durch, verkaufen Vitamintabletten oder Stadtteilmagazine oder gehen putzen, wenn die Zeiten schlecht werden und keiner ihre Bilder oder Bücher kaufen, ihre Gedichte lesen oder ihre Musik hören will. Und alle, alle würden keinen Moment zögern und ihre Sachen zusammenpacken, wenn in einer anderen Stadt ein guter Job winken würde. Bis es so weit ist, buchen sie Weiterbildungsseminare, um sich auf dem neuesten beruflichen Stand zu halten.

Von alldem hat der Lehrer keine Ahnung, denn er lebt seit je im geschützten Sozialbiotop, das er kaum je verlassen hat. Seine berufliche Flexibilität endet wie sein geistiger Horizont am Schultor, das er vor zwanzig Jahren durchschritten hat mit dem Anspruch, dieses eine Schultor niemals mit einem anderen tauschen zu müssen. Er arbeitet drinnen an der Tafel mit dem Rücken zur Klasse und zum Leben da draußen. Von der Schule in die Uni und von dort zurück in die Schule – unter der Käseglocke ist für das wirkliche Leben jenseits der Schulhofmauern und seine Zumutungen, sich beweisen, sich anstrengen und sich an seinen Taten messen lassen zu müssen, nicht viel Platz gewesen. Würde der Lehrer sich umschauen, sähe er sich umringt von Menschen, die für Geld alles tun würden – sogar arbeiten.

Schneller, als die Schüler zur Bushaltestelle düsen können, dreht der Lehrer den Zündschlüssel seines Golfs um. Man muss nur mal gegen Mittag vor einer Schule stehen, um zu sehen, wer da als Erstes raushastet. Viele, viele Frauen natürlich – kein Wunder, welcher andere Job erlaubt einem schon, so kommod Familie und Beruf zu verbinden? Den wenigen Männern sieht man ihr Motiv zur Berufswahl genauso an: den familienernährenden, krisensicheren Job ohne größeres Risiko, den gibt es (fast) nur in der Schule.

Was vermitteln denn diese Lehrer schon großartig? »Ich habe keinen Bock auf Mathe. Ihr habt keinen Bock auf Mathe. Aber irgendwie müssen wir die Stunde wohl über die Bühne bringen.« So etwa bringen sie die Botschaft rüber, dass Unterrichten nun mal ihr Job ist und sie dazu genauso wenig Lust haben wie ihre Schüler. Die Schule als der Ort, wo Ungelernte auf Unerfahrene treffen, um sich gemeinsam teuer bezahlte Unterrichtsstunden um die Ohren zu hauen?

Wirklich in die Karten schauen lassen sich die Lehrer nicht so gerne; lieber beschränken sie den Kontakt mit ihren Kollegen und ihren Schülern auf ein Minimum, signalisieren den Eltern überdeutlich, dass Mitarbeit – abgesehen vom Kuchenbacken in der Grundschule und dem Führen der Klassenkasse im Gymnasium – nicht gewünscht ist, kommen zu spät und nur widerwillig und auch noch unvorbereitet zum Unterricht, gefallen sich dann ab der siebten Klasse in einer Pose, die den Schülern sagt, dass man ausgerechnet auf sie gerade noch gewartet habe, und beenden ihren Dienst so früh wie möglich.

Mittags verlassen sie fluchtartig ihren Arbeitsplatz, und wenn mal wieder in der Zeitung steht, dass sie einen gutbezahlten Halbtagsjob haben, jaulen sie auf wie getroffene Hunde. Und verweisen beleidigt auf den Umstand, dass außer ihnen wohl kaum jemand diesen Höllenjob mit den ungezogenen Kindern anderer Leute machen wolle. Will ich ja auch nicht. Aber dass der Lehrer die Arbeit mit Kindern machen will, davon muss ich doch ausgehen dürfen. Oder warum sonst hat er diesen Beruf gewählt? Zumal sich schon bei Lehramtsstudenten leise herumgesprochen haben dürfte, dass die künftige Berufstätigkeit das Risiko birgt, mit lebendigen Kindern zumindest zeitweise in Kontakt treten zu müssen.

Sie habe sich schließlich deshalb gegen die Grundschule und für die Arbeit im Gymnasium entschieden, verkündet eine Deutschlehrerin ihrem Schulleiter, der mir kopfschüttelnd von diesem Schmankerl berichtet hat. »Und wissen Sie, warum?«, fragt er. »Weil sie nichts mit dummen Kindern zu tun haben will.«

Auf die überdurchschnittliche körperliche und seelische Belastbarkeit, über die ein Lehrer verfügen muss, um einen Schultag zu überstehen, verweist der Lehrer auch gerne. Das ist schon schlimm. Aber muss nicht auch jeder Dachdecker schwindelfrei sein, jede Krankenschwester Blut sehen können und jede Stewardess sich zu einem freundlichen Gesicht durchringen, selbst wenn sie die Passagiere am liebsten beißen würde? Um die Ansprüche eines Berufs zu erfüllen, muss man eine gewisse Eignung für die Materie doch überall von vorneherein mitbringen. Würde man einem Legastheniker, der Journalist werden will, nicht dringend von dieser Berufswahl abraten? Warum ausgerechnet Menschen, die Kinder nicht leiden können und weder gewillt noch in der Lage sind, sich auf sie einzulassen, ausgerechnet Lehrer werden – es ist mir ein Rätsel.

Armer schwarzer Kater …

Doch der Lehrer sieht das alles nicht, weil er nur sich selbst sieht. Im Jammertal kreist er bekümmert und weltvergessen um die eigene Achse. Dabei tut er sich selbst ganz furchtbar leid. Vergleicht sein Gehalt mit dem eines Vorstandsvorsitzenden bei Daimler-Benz und fühlt sich prompt benachteiligt. Fährt mit dem nagelneuen Mercedes ins Eigenheim und erzählt seinen Schülern, er könne sich die Klassenfahrt nicht leisten. Überhaupt Klassenfahrten: Aus Erlassen für den Schulbetrieb kann man erfahren, dass es sich bei Klassenfahrten um Pflichtveranstaltungen im Sinne von Unterricht handelt. Modernen Pädagogen gilt die Klassenfahrt als soziales Ereignis ersten Ranges, das wahre Wunder für den Zusammenhalt der Schülergemeinschaft bewirken kann. Außerdem gehören Klassenfahrten doch zu den Highlights der Schulzeit, oder? Allein der Lehrer mag nicht so recht.

Auf etlichen Elternabenden der achten Klasse ist das heikle Thema Klassenfahrt angesprochen worden. Offensichtlich wollen die Schüler gerne verreisen, die Eltern sind auch dafür – nur die beiden Lehrer da vorne drucksen herum. Verschiedene Vorbehalte werden ausgesprochen: Dass sich die Schüler nicht ordentlich benehmen könnten, dass man dann ja gezwungen sei, das Rauchen zu unterlassen, dass zu viel Unterrichtsstoff versäumt werde, dass man Klassenfahrten zeitlich mit dem privaten Terminkalender nicht koordiniert kriege und so weiter. Sogar einigermaßen kokette Verweise auf den zeitlichen Engpass wegen des gerade aufgenommenen Zweitstudiums erlaubte sich der Klassenlehrer meiner Tochter.

Bei allem, was die Lehrer gegen die gewünschte Klassenfahrt vorbringen, gewinnen die Eltern allmählich den Eindruck, es handele sich um vorgeschobene Gründe. Doch sie lassen nicht locker und fragen immer wieder nach. »Das bezahlt uns keiner«, sagt der Lehrer schließlich, und seine Kollegin nickt. Neuerdings sollen die Lehrer für ihre Fahrtkosten und die Unterkunft bei Klassenfahrten selbst aufkommen, und das erscheint ihnen viel zu teuer. Die Eltern – überwiegend Freiberufler, kleine Selbständige, viele Sozialhilfeempfänger – bitten im Namen ihrer Kinder, überlegen laut, wie das Problem zu lösen sei. »Und wenn wir nun alle zusammenlegen?«, fragt eine Mutter die Lehrer – beide Studienräte, beide schon seit Jahren verbeamtet. Ein schneller Blick zwischen den beiden. »Na ja«, kommt es gedehnt und gönnerhaft zurück, »wenn sich da etwas organisieren ließe, dann würden wir uns das wohl noch einmal überlegen.«

Dankbar und beflissen wollen wir schon die Portemonnaies zücken, denn es ist doch schön, wenn man in der Schule einmal etwas bewegen kann. Zumindest bei den Klassenfahrten, denn der Unterricht geht uns ja nichts an.

Durchweg halten Lehrer ihren Unterricht für ihre Privatangelegenheit, in die ihnen niemand hineinreden darf – die Kultur der geschlossenen Klassenzimmer macht es ihnen leicht. Da wurschtelt jeder vor sich hin, kaum ein Lehrer kommt jemals auf die Idee, sich einen anderen Kollegen dazuzurufen, um eine Art Feedback über seine pädagogische Leistung zu bekommen. Total tabu ist es, über einen bestimmten Lehrer und dessen Schwierigkeiten zu reden. Wenn sich Schüler mit einem Lehrer über einen anderen Lehrer unterhalten wollen, wird die Lage augenblicklich sehr prekär. »Dafür bin ich nicht zuständig«, »Dazu kann ich nichts sagen, weil ich die Arbeit des Kollegen nicht kenne« und »Ich kann doch dem Kollegen nicht in den Rücken fallen« oder sogar »Sorry, Leute, da steht sein Wort gegen eures« – das sind Sätze, hinter denen die wunde Lehrerseele sich verschanzt. Kommt es doch einmal zum Äußersten und die Schüler lassen nicht locker, ist der kritisierte Lehrer augenblicklich zutiefst beleidigt. Natürlich stellt er die Verräter zur Rede.

Mir ist zu Ohren gekommen, dass ihr euch über euren Deutschlehrer beklagt habt, hat der Deutschlehrer meiner Tochter der Klasse eröffnet. Er hatte sich vorgenommen, den Kindern die Ähs, die Alsos, die Irgendwies, die Ehms, mit denen sie ihre Sätze einleiten, abzugewöhnen. Also muss jeder, dem eines dieser Verlegenheitsfüllsel entweicht, ab sofort eine Seite Aufsatz zu einem von ihm vorgegebenen Thema schreiben. Manche fanden das ungerecht und haben sich der Französischlehrerin anvertraut. Die hat offenbar mit ihm geredet und versucht, ein gutes Wort für die Klasse einzulegen.

Jetzt ist er sauer und nimmt persönlich übel: »Passt mal gut auf. Wenn ihr nicht lernt, ist mir das egal. Ich mache jetzt meinen Unterricht genauso weiter, wie ich ihn immer mache, und ihr könnt mir mal den Buckel runterrutschen.« In der Parallelklasse hat er dann gleich die Kinder gefragt, ob sie vielleicht eine Beschwerde über Frau Lauf-Schneller, die Französischlehrerin, hätten. »Möchtet ihr mir vielleicht etwas über Frau Lauf-Schneller erzählen?«, hat er die Kinder listig gefragt. »Das könnt ihr jetzt ruhig tun.«

*

In der neunten Klasse findet die Klassenfahrt endlich statt. Man trifft sich am Bahnhof, siebzehn Schüler, ein Lehrer, eine Lehrerin. Auf dem Weg dorthin erzählt mir Felix, der beste Freund meines Sohnes, dass er gerade angefangen hat, *Die Buddenbrooks* von Thomas Mann zu lesen, und das Buch jetzt nach Lübeck mitnimmt. Er findet es total cool, Bücher dort zu lesen, wo sie spielen, und hat sich vorgenommen, dem Haus, in dem Thomas Mann in der Sandkiste spielte, einen Besuch abzustatten. »Mengstraße 4, gegenüber der Marienkirche« – Felix grinst und streicht sich die Rasta-Locken aus dem Gesicht. Ein bisschen wundert er sich dann darüber, dass der Deutschlehrer, mit dem sie jetzt schließlich nach Lübeck fahren, diesen Ausflug nicht ins Programm aufgenommen hat.

Hat mich dann doch gejuckt. Als ich den Lehrer begrüße und ihm eine schöne Reise wünsche, kann ich mir den frommen Wunsch nicht verkneifen: »Vielleicht finden Sie ja auch Zeit und Gelegenheit, mit der Klasse das Haus von

Thomas Mann zu besuchen.« – »Paah«, wehrt Doktor Evil sogleich ab und schüttelt heftig den Kopf über so viel mütterliche Einfalt, »das ist doch für eine Neunte viel zu hoch. Das kapieren die doch gar nicht. Können Sie vergessen.«

Wäre es wirklich viel zu viel vom Lehrer verlangt, sich ein bisschen mit seinen Schülern zu befassen, um wenigstens ansatzweise über ihre Vorstellungen und Lernstrategien orientiert zu sein, anstatt sie alle nur als amorphe Masse zu sehen, die eben beschult, verlesen und beurteilt werden muss?

Echte Leerkörper

Was soll ich denn noch alles machen, schreit der Gequälte auf und adelt flugs die ganz normalen Anforderungen, die der Lehrerberuf seit jeher stellt, zu eigenständigen Professionen: Sozialpädagoge, Logopäde, Mediator, Motivator, Manager, Organisator, Psychologe und, und, und. Dabei drückt er sich um die Aufsicht in der Pause, wenn's regnet. Oder macht seine Augen fest zu, wenn seine Schüler sich prügeln, bedrohen und erpressen. Betont sieht er weg auf dem Schulhof, wenn ein Schüler dabei ist, einen am Boden liegenden Jungen mit Stiefeln zu treten. Derlei feiges Versagen lässt sich dann gelegentlich prima intellektuell rechtfertigen mit einfältigen Non-Intervention-Konzepten. Dieses Verhalten mag aus Hilflosigkeit und Überforderung geboren sein, ist aber nicht hinzunehmen.

Weil er vor allem seine Ruhe haben will, hält er die Alkopops der Vierzehnjährigen für Limonade, ihre Joints für Scherzartikel und ihre Nachfragen für eine unstatthafte Belästigung. Nimmt eben hin, wenn Schüler sich in der Pause an der nahe gelegenen Tankstelle mit Wodka versorgen, anschließend im Unterricht auffallen, und schwänzt die Konsequenz – »man will ja auch nicht immer so sein«. Weil er jede Konfrontation scheut, hält er sich die Eltern mit albernen Aufgaben von der Pelle und gibt überdeutlich zu verstehen, dass es sie schlicht nichts angeht, was im Unterricht passiert und im Zweifel eben das Kind zu blöd ist. »Ihre Tochter ist meinem Unterricht intellektuell einfach nicht gewachsen«, knarzt der Chemielehrer lapidar der Mutter entgegen, die zum Elterngespräch gekommen ist, um zu fragen, wie dem Kind in Sachen Chemie auf die Sprünge geholfen werden kann.

*

Lieber als zu lehren spielt der Lehrer Tennis, läuft Ski, fälscht seine Steuererklärung und baut sein Dachgeschoss aus. Strebt einen ruhigen Posten in der Schulverwaltung oder einen breiten Sessel im Abgeordnetenhaus an oder arbeitet schlitzohrig auf sein ganz persönliches Burn-out hin, das ihm die Frühpensionierung beschert. Zwischendurch macht er sich unheimlich ins Hemd, wenn seine Pflichtstundenzahl um fünf Minuten erhöht wird, die Altersermäßigung und das Weihnachtsgeld gestrichen werden oder er per Dekret veranlasst wird, in der letzten Woche der Sommerferien in der Schule anzutreten. Beinhart vernünftige Sofortmaßnahmen für den bankrotten Laden wie die Anwesenheitspflicht des Lehrers an seinem Arbeitsplatz bis siebzehn Uhr scheitern einzig und allein am Widerstand der Lehrerlobby und werden schon deshalb gerne auf den Sankt-Nimmerleins-Tag verschoben.

Währenddessen echauffieren sich ganze Kollegien über Vertretungsstunden, die gegeben werden müssen, und greinen im Chor, wenn die Klassenfrequenzen erhöht werden. Oder setzen kurzerhand einen Studientag an, um über das Schulprofil zu beraten, und lassen den Unterricht einfach ausfallen.

Wenn es sich wirklich gar nicht mehr vermeiden lässt, führen Lehrer hin und wieder gnädig bis gönnerhaft zehnminütige Gespräche mit Eltern, in denen sie dann über ihre Schüler, diese pubertierenden Ungeheuer in Gestalt fünfzehnjähriger Rotzbengel und dreizehnjähriger Lolitas, herziehen. Unfreiwillig lassen sie dabei manchmal tief blicken:

Beim Elterngespräch eröffnete mir die Deutschlehrerin: »Also, Johannes ist wirklich saumäßig schlecht in Deutsch. Mündlich beteiligt er sich überhaupt nicht, und im Schriftlichen …«, sie schüttelt den Kopf, »… da ist Hopfen und Malz verloren.« Wie vom Donner gerührt sitze ich da und kann es nicht glauben. Deutsch mag er gerne, er liest Bücher am laufenden Meter und ist wahrhaftig nicht auf den Mund gefallen. »Das kann doch überhaupt nicht sein«, versuche ich etwas schüchtern einzuwenden, und sofort reagiert sie patzig: »Na, hören Sie mal, das werde ich doch wohl besser beurteilen können.« Sie trumpft auf: »Er macht nur ausnahmsweise Hausaufgaben, stört den Unterricht und hat die letzten zwei Arbeiten total verhauen. Glatte Fünf und eine Sechs.« Ich fass es nicht. »Deutsch ist sein Lieblingsfach. Da war er immer gut.« Die Lehrerin zuckt mit den Achseln und schweigt. Mir kommt ein böser Verdacht. »Sie meinen wirklich Johannes?«, versuche ich es noch einmal. Nun wird sie ernstlich sauer und fuchtelt mir mit ihrem Kugelschreiber vor der Nase herum. »Ja, Ihr kleiner Johannes mit der blondierten Strähnchenfrisur.« Da muss ich kurz lachen – und jetzt ist es an mir, stinksauer zu werden. »Johannes hat dunkle Locken, mittellang geschnitten, und ist eins achtundsiebzig lang. Der, den Sie meinen, heißt Florian.« Sie ist sprachlos. Dann berappelt sie sich schnell und pampt mich an. »Wissen Sie, ich habe drei Klassen und muss mir an die achtzig Namen einprägen. Da kann so was schon mal passieren.« Klar doch, das verstehe ich gut. Sie hat die Klasse ja auch erst seit anderthalb Jahren. Und ist es nicht auch wirklich ein bisschen zu viel verlangt, sich zu achtzig Namen die passenden Gesichter zu merken?

Ein befreundeter Vater, dem ich diese Geschichte erzähle, platzt auf der Stelle. Sein achtzehnjähriger Sohn, guter Schüler und verträglicher Zeitgenosse, hat beim Frühstück morgens nebenbei eingeworfen, dass in seiner Klasse kaum einer mit Namen angesprochen wird. Die Lehrer sagten nur: Hey, du da! Oder: Da rechts in der Reihe, ja du! Ja, geht's noch?

Nachmittags erzählt mir Pauline beiläufig, dass ihrem Mathelehrer ihr Name immer nicht einfalle. Dann sagt er Johannes zu ihr. So heißt ihr Bruder, der zwei Klassen drüber die Schulbank drückt. Den kennt der Lehrer. Anfangs fand sie's komisch, jetzt hat sie sich daran gewöhnt, beteuert sie mit einem Achselzucken. »Das macht er bei anderen auch. Zu Sophie sagt er immer Jonas. Das ist ihr Bruder, der geht auch in die neunte Klasse.«

Lehrer haben ein gebrochenes Verhältnis zur Leistung. Kinder hingegen bringen das Gegenteil davon schon mit – am ersten Schultag. Sie wollen unbedingt dringend etwas lernen. Deshalb sind sie doch hergekommen. Den Lehrern an der Grundschule ist dank ihrer elenden Kindertümelei längst der Blick getrübt für diese unbändige Neugier und den Eifer, mit dem die Jüngsten anfangs bei der Sache sind. Gefangen in ihrer watteweichen Käseglocke lassen sie Tag für Tag die besten Chancen verstreichen, den Kindern etwas über das Leben beizubringen. Anlässe zu lernen gibt es doch im Überfluss. Futter für den Kopf gedeiht an jeder schattigen Straßenecke; an passenden Momenten, etwas zu lernen, herrscht kein Mangel. Radio hören, lesen, Gespräche anderer Leute aufschnappen, musizieren, sogar basteln und erst recht kochen – alles, aber auch alles taugt dazu, die Neugierde auf Neues zu füttern. Sogar in ganz normalen Schulen gibt es sie, die Anlässe zu lernen, die der Lehrplan nicht vorgeschrieben hat. Sie ergeben sich einfach so. Man erkennt sie allerdings nur, wenn man die Augen offen hält. Doch das kann man von einem Lehrer, der seine Scheuklappen für Sehhilfen ausgibt, wohl nicht erwarten. Der lehrt nach Schema F – und es ist nicht schwer zu erraten, wofür das große F steht:

Für Klassenarbeiten, die vielleicht nach drei Wochen mal zurückgegeben werden. Für Lehrer, die als Letzte in die Klasse kommen und als Erste wieder gehen. Für einen Biologieunterricht, der mit Filmen über Käfer auskommt und nie mal einen echten unter die Lupe nimmt. Für Telefonnummern von Lehrern, die nicht herausgegeben werden, aus

Furcht, Eltern könnten davon Gebrauch machen. Für Lehrer, die auf dem Elternabend durch Abwesenheit glänzen. Jeder Elternvertreter kann ein Lied davon singen, wie schwer es ist, die Damen und Herren Fachlehrer dazu zu bewegen, zum Elternabend wenigstens einmal zu erscheinen. Der Wunsch der Eltern, die Lehrer der Kinder am Gymnasium wenigstens einmal kennenzulernen, erscheint prompt wie ein unsittlicher Antrag.

Aber Schema F steht noch für viel mehr: Für fadenscheinige Ausreden, wenn sich Schüler eine Klassenfahrt wünschen. Für bodenlose Ignoranz, heillose Überforderung, notorische Besserwisserei, satte Bequemlichkeit und Blindheit nach Belieben. Wer sich immer noch fragt, warum der Deutschunterricht so wenige Literaturliebhaber, der Religionsunterricht so wenige Kirchgänger und der Unterricht in politischer Weltkunde so wenige aufrechte Demokraten hervorbringt, hat Schema F unterschätzt. Warum sollte sich das ändern? In der Schule ist es warm, und das Gehalt wird einem nachgetragen. Was vermitteln die meisten Lehrer und Lehrerinnen denn groß? Dass das Lehrerdasein nun mal ihr Job ist, auf den sie genauso wenig Bock haben wie ihre Schüler.

Die wirklich besorgniserregenden Momente im knietiefen Wust der schulischen Ärgernisse sind die, wo allein die Denkfaulheit der Lehrerperson den Blick auf die Kinder verschattet.

Lehrer tun heute alles Mögliche in der Schule, nur nicht unterrichten, geschweige denn lehren. Vor allem müssen sie ununterbrochen fördern, für ein positives Lernklima sorgen, Wohlbefinden herstellen, den Teamgeist im Lehrkörper hochhalten, aber auch andere Beteiligte am Bildungsgeschehen mit einbeziehen. Jemandem zu zeigen und zu sagen, wie sich eine Sache verhält, hat den Ruch des Autoritären und Inhumanen. Richtig oder Falsch sind als klare Rückmeldungen über erledigte Aufgaben in der Grundschule so gut wie abgeschafft. »Hat sich stets bemüht«, heißt es in den verbalen Beurteilungen, die Grundschullehrer heute so lieben. Oder ganz launig: »Charlotte fällt durch ihre lebendigen, spontanen Beiträge zum Unterricht positiv auf. Es wäre schön, wenn sie im nächsten Schuljahr noch lernen würde, sich vorher zu melden.«

Der bloße Versuch, eine Rechenaufgabe zu lösen, wiegt schon so viel wie das richtige Ergebnis – schließlich erkennt man daran, wie umfassend der Lehrer mal wieder motiviert hat. Genügt uns das?

*Indem ich damals über meine eigenen Erfahrungen
als junger Lehrer an schlechten Schulen nachgedacht habe,
bin ich draufgekommen, daß es das Wichtigste ist,
schlechten Lehrern in diesem Sinne die Möglichkeit zu schaffen,
die Schulen zu verlassen.*

KARL R. POPPER

6. Kapitel

Lernziel Augen zu: versetzungsgefährdet

Voll eitler Selbstgefälligkeit verkündet uns die Lehrerin am Elternabend, dass die Plätzchenverkäufe auf dem Adventsbasar sechshundertvierzig Euro erbracht hätten und man somit die Kosten für die anstehende Klassenfahrt um zwanzig Euro pro Kind reduzieren könne. Na toll! Charlotte hat die frohe Botschaft schon im Unterricht erfahren und kommt am nächsten Tag über diese Rechnung ins Grübeln. Ihr fällt auf, dass die Zutaten für die Plätzchen von den Eltern bezahlt worden sind, aber vom Verkaufserlös nichts erstattet wurde. »Aber dann haben wir ja gar nicht wirklich so viel Geld verdient?«, fragt sie mich mit ungläubigem Erstaunen und denkt gleich weiter. »Dann hättet ihr Eltern doch einfach jeder zwanzig Euro spenden können, und wir hätten Zeit gehabt, Schlittschuhlaufen zu gehen.« Recht hat sie – wenn auch die Dimensionen nicht ganz stimmen –, denn dieses Vergnügen musste zugunsten der heimischen Plätzchenproduktion leider ausfallen.

Was für eine wunderbare Gelegenheit, ein, zwei Wahrheiten über unser Wirtschaftssystem anzubringen. Das ist schließlich keine Kleinigkeit – es geht um Geld und Arbeit, zwei Themen, die die Kinder ein Leben lang beschäftigen werden, und sei es auch nur als veritabler Grund, sich morgens aus dem Bett zu quälen, wenn man lieber ausschlafen möchte. Also haue ich mit Lust in die Kerbe: Erkläre ihr die Weiterungen von Einstandskosten, Materialaufwand und benötigter Arbeitszeit im Verhältnis zum Erlös, woran sich wiederum der eigentliche Gewinn erst ermessen lasse. Mache Andeutungen über Steuern, die man im Ernstfall als Erwachsener dann auch noch zahlen müsse, verliere ein paar Bemerkungen über Sozialversicherungsbeiträge, die vom Erlös auch noch zu begleichen seien, weswegen der Erlös aus einem Verkauf nicht dasselbe sei wie der Gewinn, den man dadurch erwirtschafte. Sie staunt und kapiert in Lichtgeschwindigkeit, wie der Kapitalismus funktioniert. Dann nimmt sie sich vor, am nächsten Morgen in der Schule die Rechnung der Klassenlehrerin zu korrigieren. Kommt betrübt nach Hause, nuschelt irgendetwas von Frau Seyerlein, die von ihren neuen Erkenntnissen nichts hören wollte. »Aber es war doch so schön, wie wir alle da auf dem Weihnachtsmarkt Plätzchen verkauft haben«, hat Frau Seyerlein gesagt und dann noch erklärt: »Weißt du, die Eltern haben das doch gerne gemacht, wir hatten doch alle viel Vergnügen beim Verkaufen. Da zählen doch die Kosten fürs Backpulver gar nicht. Das wäre doch jetzt wirklich hässlich, das so aufzurechnen.«

Schade, in der bunten Kinderwelt, die die Grundschule malt, hat das wirkliche Leben in Gestalt der Kenntnisse, die man braucht, um dort bestehen zu können, keinen Platz. Das ist doch verrückt: Alle Amseleltern setzten beträchtlichen Ehrgeiz in das Vorhaben, dem Nachwuchs das Fliegen beizubringen. Jedes durchschnittliche Pygmäenelternpaar im Amazonasgebiet klärt seine Sprösslinge darüber auf, welche Schlangen giftig sind und welche Tiere man essen kann. Nur wir leisten uns den Luxus, den Kindern wichtige Informationen vorzuenthalten, die ihnen eines Tages helfen können zu überleben: Die meisten Existenzgründungen scheitern schließlich heute daran, dass die Möchtegern-Unternehmer vergessen, Größen wie Unternehmerlohn und Materialkosten in die Kalkulation einzubeziehen.

Wie man sich bettet, will man liegenbleiben

Die Schule wurde vor rund dreihundert Jahren genau deswegen erfunden, weil die Menge der Kenntnisse, die man brauchte, um das Leben zu meistern, die verfügbare Zeit der Eltern und oft genug auch ihren Horizont überstieg. Aus genau diesem Grund entstand der Lehrerberuf. Und nicht etwa, weil eine erkleckliche Anzahl alt gewordener, zutiefst bedürftiger Kinder sich ein wenig nach Gesellschaft sehnte und glaubte, vor dem wirklichen Leben in Klangmulden, Matschecken und Toberunden fliehen und so das Älterwerden schwänzen könnte. Da in der Spielecke bei den lieben Kleinen, da gefällt es den Lehrern, da sind sie rundum versorgt, und da wollen sie bleiben.

Die Beharrungskräfte im Lehrkörper kann man gar nicht hoch genug veranschlagen; selbst gestandene Konservative in schwarzen Parteien, sudentendeutsche Traditionsvereine oder der deutsche Bauernverband sind, verglichen mit Lehrern, wahre Ausbunde an Flexibilität, Aufgeschlossenheit und immerwährender fröhlicher Bereitschaft, hin und wieder einmal etwas Neues auszuprobieren. In welchem Beruf kann man derart stur, faul und ignorant auf dem ausgetrampelten Weg voranschreiten, den man nun einmal eingeschlagen hat? Und dabei noch weich, warm und gehätschelt auf dem Arm von Vater Staat sitzen, der einem so viel Fürsorge schließlich schuldig ist? Seine ideologische Borniertheit darf noch jeder Lehrer ganz unwidersprochen pflegen und notfalls für überlegenes Expertentum ausgeben.

Da nutzt die Mathematiklehrerin den Elternabend mal wieder zu einer ausführlichen Beschwerde über den Lärmpegel in der Klasse 6c. Es sei ganz furchtbar schwer geworden, dort überhaupt noch Unterricht zu machen, sagt sie und rudert gleich hilflos mit den Armen. Die Kinder quatschen, werfen Papierkügelchen herum und gackern hemmungslos über die schlechtesten Witze. Ausschließlich dumme Sprüche machten die Runde. Es geht über Tische und Bänke, an Lernen ist gar nicht mehr zu denken. Von Konzentration hätten die noch nie etwas gehört, seufzt Frau Wunderlich-Kapitzky, und das glaube ich gerne. Wo auch? In dieser Schule jedenfalls nicht.

An den Tischen, die sie als glühende Anhängerin der Gruppenarbeit jeweils zu vieren zusammengestellt hat, herrsche die ausgelassene Stimmung eines Kaffeekränzchens nach der fünften Runde Prosecco, beschreibt sie die missliche Lage. Dabei fände sie ja eigentlich ganz gut, wenn die Kinder sich austauschen und auch Spaß in der Schule haben.

Doch jetzt würde es ihr zu viel, und, so setzt sie drohend hinzu: »Schließlich steht der Übergang ins Gymnasium bevor …« Wir schweigen betroffen. Dann fragt ein Vater schüchtern: »Aber was sollen wir denn da machen?« – »Vielleicht könnten Sie mal mit Ihren Kindern reden«, kommt es vage. Klar, das machen wir doch sowieso schon jeden Tag, da kommt es auf einmal mehr oder weniger nicht an. Nur, wer soll mit wem reden? Wir wissen ja noch nicht einmal, ob sich das eigene Kind des beschriebenen Fehlverhaltens schuldig gemacht hat. Doch Namen will sie nicht nennen und begründet ihre Diskretion mit einem vagen Hinweis auf den Datenschutz, den wir alle doch politisch so wichtig finden. Dann schlägt jemand vor, von der Gruppenarbeit probeweise wieder zum Frontalunterricht überzugehen, denn dann könne man doch wenigstens die Schwatzrunden am Tisch auflösen. Da geht ein Ruck durch die Dame. Sie richtet sich kerzengerade auf und straft den ungebührlichen Vorschlag mit hoheitsvoller Verachtung. »Wenn ich Frontalunterricht machen würde, wäre ich wohl kaum an dieser Schule.« Der so Zurechtgewiesene knickt unwillkürlich ein und scheint richtig dankbar, als Frau Wunderlich-Kapitzky nun abrupt das Thema wechselt.

Ruhe bewahren ist erste Lehrerpflicht

Schulen sind wie Menschen, das ist des Lehrers heimliches Credo, zu viele Veränderungen bringen Geist und Seele in Unruhe und die Verdauung aus dem Rhythmus. Deshalb gilt es, das Bewährte zu wahren, und das unter allen Umständen:

keine Reform im Unterricht. Immer schön weghören, wenn Mütter oder Väter nachfragen oder gar eine abweichende Ansicht vortragen. Gar mitbestimmen wollen oder anregen, die knappe Zeit zwischen den Ferien versuchsweise mal für Unterricht, der diesen Namen verdient, zu nutzen. Vor allem aber: keine Experimente. Die mögen zwar eine gewisse Rolle in den Lehrplänen der Schulen, Sonntagsreden der Bildungspolitiker oder kirchlichen Denkschriften spielen, doch Schulen sollen ein Ort des Gewohnten bleiben.

Sicher, den Eltern ist in den neumodischen Schulgesetzen ein gewisses Mitspracherecht gegeben – doch das versteht der Staatsdiener noch immer auszuhebeln, weil er im Elternteil längst den wahren Ruhestörer ausgemacht hat. Das Verfahren ist vergleichsweise einfach. Auf Elternabenden hält man als Lehrer lange Vorträge, die mit ein paar Wortungeheuern aus dem pädagogischen Begriffsbestiarium ausgeschmückt werden und damit Nachfragen vermeintlich »bildungsferner Elternhäuser« sowieso effizient verhindern.

»Sie sind wohl im schriftlichen Ausdruck nicht so ganz zu Hause?«, fragte mich einmal eine Deutschlehrerin auf dem Elternabend, nachdem ich auch nach der zweiten Erklärung noch nicht verstanden hatte, wie eine bestimmte Aufgabe im Arbeitsblatt meines Fünftklässlers jetzt zu lösen sei. Mein Sohn und ich hatten am Vorabend geschlagene zwei Stunden damit verbracht, den Sinn der Aufgabe herauszuknobeln. Nun bin ich vielleicht im schriftlichen Ausdruck wohl eher ausnahmsweise mal zu Hause, doch die Bemerkung wäre auch gegenüber einer Kopftuchmutter, die sich von ihrem Sechsjährigen den Elternabend verdolmetschen lässt, eine Unverschämtheit.

Die mich allerdings zuverlässig schachmatt gesetzt hat. Denn die Wangen fangen schon ganz von selbst an zu brennen, wenn man vor allen anderen bloßgestellt wird.

Ablenkungsmanöver für Eltern

Doch auch ohne Sottisen dieser Art gelingt es Lehrern spielend, selbst die aufmüpfigen Mittelschichtseltern beharrlich in den Tiefschlaf zu quatschen. Den renitenten Rest engagierter oder auch nur aufrichtig besorgter Mütter und Väter schickt man wohlgemut in einen Arbeitskreis, und davon hat jede Grundschule, die etwas auf sich hält, unglaublich viele, die sich nach Bedarf beliebig vermehren lassen. Die paar Mitwirkungsrechte sollen sie haben, bei Schulversuchen etwa oder der Prägung des Schulprofils oder der brennenden Frage, wie man den Stellenabbau beim Lehrpersonal verhindert oder wenigstens die Stundenbelastung der Lehrkraft dahingehend reduziert, dass man einen von Eltern betriebenen Lese-Club ins Leben ruft, damit die Klassenlehrerin einen Vormittag in der Woche freihat und ihre wichtige Arbeit im Personalrat der Schule vorantreiben kann.

Ansonsten gilt die Parole, die auch bei Behandlung verstörter Bomberpiloten nach dem Krieg schon gute Dienste geleistet hat: »Keep them busy.« Und so geht es in der Elternvertretung immer schön um Kleinkram. Zwei- bis dreimal im Monat lässt man die Elternvertreter ein bisschen darüber beraten, wie die Klassenreisen besser im Unterricht vorbereitet werden können, ob die Einrichtung einer Bauchtanz-AG nicht doch das Schulprofil ganz ungemein bereichern könnte, der Schulhof verschönert wird oder welche Spiele zum Sommerfest angeboten werden können. Oder man lässt die Suche nach einem Hausmeister in die vierte Runde gehen, lamentiert ein bisschen über die verdreckten Schulklos oder berichtet ausführlich und völlig pointenfrei über die letzte Klassenreise. Versetzt die Elternschaft in Trance, indem man einfach den Dummen, den man im Elternvertreter gefunden hat, stundenlang über die Arbeit in den Gremien oder die Irrungen und Wirrungen in der letzten Schulkonferenz berichten lässt und beharrlich ignoriert, wenn jemand verstohlen gähnt oder heimlich auf die Uhr schaut.

Mitwirkung? Eher nein. Doch gezielt nachfragen und ehrenamtlich mitarbeiten, ja, und Anerkennung für den schweren Job signalisieren, den man da macht, selbstverständlich, das ist den Eltern jederzeit erlaubt.

Ein Sturm im Wasserglas

Das Telefon schrillt am Freitagabend um halb elf. Der Vater von Laura, die mit Charlotte in die dritte Klasse geht, ist dran. Zuerst denke ich, es handelt sich um die übliche Anbahnung von Verabredungen, aber er wirkt heute Morgen sehr echauffiert. Ob ich schon gehört hätte, dass Frau Seyerlein, die Klassenlehrerin, nach Ostern die Klasse verlasse? Sie sei an eine andere Grundschule versetzt worden, einfach so, ohne dass die Eltern gefragt worden seien, und manche Kinder seien angesichts dieser Nachricht schon weinend zusammengebrochen. Jetzt habe der Elternvertreter die Telefonkette ausgelöst, und wir müssten uns unbedingt alle zusammensetzen, wir, die Eltern der 3b, und sofort etwas unternehmen. Auch Frau Seyerlein habe sich dahingehend geäußert, dass sie sich diese Versetzung nicht bieten lassen wolle, und den Kindern gesagt, dagegen müsse man etwas machen. Deshalb rufe er nun mich an, um mir diese Schreckensnachricht mitzuteilen und zu fragen, was wir tun wollen. Der Gang zur Direktorin, ja, das sowieso, aber wir müssten auch die Presse informieren, einen Sitzstreik vor der Schule organisieren und so weiter. Meinen tiefen Seufzer deutet er falsch, legt viel mitfühlenden Schmelz in seine Frage: »Und wie geht es denn Charlotte damit? Wie hat sie's denn aufgenommen? Also, meine Laura ist am Boden zerstört!«

Meine Charlotte dagegen schien mir heute Morgen noch ganz munter. Gestern Abend hat sie mir beiläufig erzählt, dass Frau Seyerlein an eine andere Schule gehen müsse und da gar nicht hinwolle. Das fände sie total gemein, dass dieser Schulminister oder so Frau Seyerlein an irgendeine andere Schule schicke, wo sie sich doch gerade erst an ihre Klasse gewöhnt habe. Zuerst muss ich lachen über so viel ehrliches Mitgefühl meiner Tochter mit einer armen, erwachsenen Lehrerin, die erst zwei Jahre eine Klasse unterrichtet hat und sich dann auf einmal umgewöhnen soll. Wo sie doch gar nicht will. Charlotte plant als ersten Sofort-Trost, ihrer Lehrerin ein Abschiedsbild zu malen.

Später, beim Gutenachtkuss, fällt ihr noch einmal ein, dass Frau Seyerlein gar nicht zu den anderen Kindern gehen wolle, sondern lieber bei ihnen bleiben würde. Warum dieser Schulrat einfach so über Frau Seyerlein bestimmen dürfte?

Ich habe ihr gesagt, dass die Lehrer dem Staat schwören müssen, dass sie dahin gehen, wo der Schulrat sie hinschickt, denn da werden sie gebraucht. Wenn es in einer Schule viele Lehrer gibt und wenig Kinder, dann müssen eben ein paar Lehrer an eine andere Schule gehen, wo es viele Kinder und zu wenige Lehrer gibt. Charlotte leuchtet das ein, sie findet das Verfahren sogar gerecht und fragt sich jetzt, warum Frau Seyerlein das nicht gesagt hat. Dafür kriegen Lehrer etwas mehr Geld als zum Beispiel Kanalarbeiter oder Verkäuferinnen, erkläre ich ihr, und der Staat verspricht ihnen, dass sie immer Geld kriegen – ganz egal ob sie krank sind oder vielleicht gar keine guten Lehrer, weil sie es nicht schaffen, den Kindern etwas beizubringen. Und dass Frau Seyerlein deshalb die Schule wechseln muss, wenn ihr Arbeitgeber, der Staat, das für nötig hält. Schließlich hat sie das einmal versprochen und sogar geschworen. »Ach so«, sagt Charlotte und tippt sich mit der Hand an die Stirn, »das ist die Regel. Das verstehe ich jetzt.«

Sie nimmt das dann gelassen hin und auch meinen Vorschlag, dass sie sich mal überlegen soll, ob das so gut ist, wenn Frau Seyerlein nicht zu den anderen Kindern will, weil die doch auch nichts dafür können und vielleicht Angst haben, dass ihre neue Lehrerin sie nicht leiden kann. Auch das scheint ihr einzuleuchten, und der Fall ist erledigt. Bis zu diesem Anruf.

Lauras Vater wirkt direkt ein wenig atemlos, als er die Konsequenzen dieses Lehrerwechsels in düsteren Farben ausmalt. Meinen zaghaften Einwand, dass ein Lehrerwechsel zu den Katastrophen gehöre, die Kinder manchmal überleben, will Lauras Vater so erst mal jetzt nicht gelten lassen. »Konsens ist, dass wir uns da wehren müssen«, klärt er mich auf. Und jetzt sei ich eben dran, den Nächsten in der Telefonkette anzurufen und über diese schlimme Wende der Dinge in der Klasse 3b zu informieren. Er könne sich doch hoffentlich auf mich verlassen? Vor Jahren sei so etwas schon einmal vorgekommen, und damals hätten die Eltern Erfolg gehabt, und die Lehrerin hätte bleiben können.

⋆

Ich erinnere mich gut. Vor zwei Jahren sollte Frau Pappenheimer, die damals in der Klasse meiner älteren Tochter hauptsächlich für den vorfachlichen Unterricht verantwortlich zeichnete, doch tatsächlich an eine andere Schule geschickt werden. Die Nachricht von ihrer geplanten Versetzung machte an der Schule die Runde wie ein Lauffeuer. Um ehrlich zu sein, der eiligst einberufene Elternabend gab einen ziemlich realistischen Eindruck davon, was im Hühnerstall los ist, wenn der Fuchs mal kurz vorbeigeschaut hat. Alleinerzogene Kinder wie meine brauchen für solche Veranstaltungen einen Babysitter, den ich dann bezahlen muss. Und weil damals schon die Zeit in teuren Euros bemessen war, habe ich bei fünfzehn Euro das Handtuch geworfen und bin nach Hause gegangen. Da rief dann der Elternvertreter morgens um halb sieben bei mir an, um mir vom Ausgang der Krisensitzung zu berichten und mir das Mittun bei den dringend notwendigen Aktionen sehr nahezulegen. Umfangreiche Gegenwehr war eilig vereinbart worden, Lehrer und Eltern bezogen aufs schönste vereint Stellung in den Schützengräben, die Presse konnte für das Anliegen gewonnen werden. Jedem Elternteil war aufgegeben, ein flammendes Protestschreiben an die Schulbehörde zu richten. Gar vom möglicherweise einzuberufenden Hungerstreik war die Rede.

Es gab dann ein Foto in der Zeitung, auf dem viele unausgeschlafene Mütter und ein paar im Morgendunst verlegen fröstelnde Väter mit unstetem Blick Transparente hochhielten, auf denen geschrieben stand: »Wir wollen unsere Frau Pappenheimer behalten.« Und: »Nicht mit uns. Geschlossen gegen Bürokratenwillkür.« Und ganz schlicht: »Es geht um unsere Kinder!« Das alles hochgehalten von erwachsenen Menschen morgens um acht auf dem Schulhof und mittendrin die dicke kleine Lehrerin mit dem teigigen Gesicht und den verschreckten Augen, die bisher noch nicht ein einziges Mal den Weg in die Augen ihrer Gesprächspartner gefunden hatten, wenn man sie mal ansprach, weil man eine Frage hatte.

Die menschliche Katastrophe von damals ließ sich noch einmal abwenden. Denn Frau Pappenheimer mochte nun wirklich gar nicht gehen. Ihre Argumente waren von ungeahnter Schlagkraft, die wohl auch die Verantwortlichen im Schulamt geplättet haben. Schließlich habe sie sich an dieser Schule so gut eingelebt, so ein nettes Verhältnis zu den Kollegen, was ja auch den Kindern stets zugutekomme. Überdies wohne ihr Freund im selben Bezirk, und die Nachricht, die Schule wechseln zu sollen, habe sie so geschockt, dass sie nicht mehr schlafen könne. Schon allein die Schilderung dieser Qualen trieb ihr wieder die Tränen in die Augen – vor den versammelten Eltern der Klasse. Auch die Direktorin machte auf überaus betroffen, presste nachdenklich das erste Kinn ins zweite, schüttelte dann die junggefärbten Locken und legte die Stirn in Falten. Frau Sonnenstich wirkte etwas matt von den vielen Gesprächen mit dem Dienstherrn, die sie in dieser Angelegenheit schon geführt zu haben vorgab, und raffte sich trotzdem noch zu einem dringenden Appell auf. An uns, die Eltern: »Bitte tun Sie da jetzt etwas, wir müssen da alle zusammenhalten, sonst können wir nichts erreichen.« Mit vager List zitierte sie dann Selbsterinnertes aus Studienzeiten: »Wer kämpft, kann verlieren. Wer nicht kämpft, hat schon verloren.« Für die Bequemlichkeit von Frau Pappenheimer, ihren Freund und ihre netten Kollegen haben wir dann ja auch echt viel erreicht. Sie durfte bleiben. Und alles blieb, wie es war.

So eine ungeheuerliche Zumutung!

Der Grund für die abgefeimte Gemeinheit des Schulamtes lag darin, dass Frau Pappenheimer seinerzeit Latein studiert und die Lehrbefähigung für Latein in der Grundschule erworben habe. An einer anderen als der jetzigen Schule würden Lehrkräfte mit dieser überaus seltenen Fähigkeit nun dringend gebraucht, und deshalb habe das Schulamt Frau Pappenheimer veranlasst, dort einzuspringen. Das muss man sich mal vorstellen. Was kostet ein Lateinstudium auf Lehramt eigentlich den Steuerzahler? Den Staat? Ist der Gedanke so irrwitzig, dass man als Nutznießer dieses Angebots den Moment gewärtigen muss, in dem die Gegenleistung für diesen Service eingefordert wird? Der Amtseid, den auch diese Dame zu leisten hatte, hätte sie warnen können. Aber nun ist es passiert, man mutet ihr tatsächlich zu, den Arbeitsplatz zu wechseln. Und da ist das Geschrei riesengroß. Denn so ein Ortswechsel fordert ja die ganze Persönlichkeit. Man müsste sich mit neuen Kollegen ins Benehmen setzen, wieder ganz von vorne starten und durchhalten, bis man einen festen Platz im Lehrerzimmer erobert, einen Stammplatz für den kleinen Golf auf dem Lehrerparkplatz ergattert hat. Man bekäme es mit Kindern einer Klasse zu tun, die man gar nicht kennt. Lehrerschicksal, die ganz harte Variante: Denn kein Lehrer, das sage ich voller Mitgefühl, kann sich die Kinder aussuchen, die er unterrichten will.

Das verschärft seine ohnehin schon arg schlimme Belastung noch obendrein. Ganz ungerecht! Wo doch jeder weiß, dass sich Ärzte und Apotheker, Hoteliers und Therapeuten, Handwerker und Kellnerinnen sowieso – alle, alle, ihre Klientel aussuchen können. Nur die Lehrer nicht: die müssen nehmen, was in der Klasse zusammenkommt. Total gemein. Als ob das nicht schon genug wäre, wird vom Lehrer auch noch erwartet, dass er die Fähigkeit mitbringt, Probleme und Konflikte zu klären. Ja, das sind schon schlimme Arbeitsbedingungen. Lehrerinnen wie Frau Pappenheimer adeln die Misere flugs zum Menschenrechtsverstoß: Dass sie die Schule wechseln soll, das kann man doch nun wirklich nicht von ihr verlangen. Schließlich hat sie erst ein knapp halbes Berufsleben in dieser Grundschule verbracht. Und ist es etwa ihre Schuld, dass sie nicht verheiratet ist und keine Kinder hat und somit als Härtefall nicht in Betracht kommt, dem man nun wirklich keinen Umzug zumuten darf? Ihre alten Eltern, die sie nämlich auch noch pflegt, die zählen ja nicht, hat sie uns in beleidigtem Märtyrerton zur Kenntnis gegeben.

Derweil haben die Kinder den Aufruhr genossen. Die Protestaktion am Vormittag gab jedenfalls reichlich Gelegenheit, etwa eintretende Unterrichtsverpflichtungen zu unterlaufen. Während die Eltern protestierten, wurde weiter hinten Fußball und Hüpfekästchen gespielt, ein paar kleine Mädchen hatten vorausschauend ihre Puppen mitgebracht. Meine Tochter und ein paar ihrer aktuell besten Freundinnen nahmen das Geschehen mit Gleichmut. »Ich hätte schon gerne mal gewusst, wie eine andere Lehrerin so ist«, sagte meine Tochter in leisem Bedauern, als wir dann abends eine Art Manöverkritik abhielten. »Aber das sage ich Frau Pappenheimer nicht, denn dann wäre die ja traurig.«

Vier Monate hat es dann gedauert, bis Frau Pappenheimer sich wieder in der Lage sah, meinen Gruß zu erwidern. Frau Sonnenstich bedenkt mich bis heute mit eisigen Blicken, und das auch noch, wenn ich zum Sommerfest den selbstgebackenen Marmorkuchen zum Buffet balanciere.

Zur gleichen Zeit übrigens verabschiedete sich die Schule von den Kindern der sechsten Klasse, die nach den Sommerferien auf viele verschiedene Schulen gehen würden. Man überreichte den Kindern ein schön gebundenes Heft mit einem hübsch dekorierten Gedicht drin. »Es muss das Herz auf jeder Lebensstufe bereit zum Abschied sein …« – die traurig schöne eindringliche Mahnung von Hermann Hesse, nicht zu klammern, zu zagen, zu zaudern, wenn uns das Leben in eine neue Wendung führt. Die feierliche Übergabe dieses Gedichts ist Tradition an dieser Schule, an der man sich viel darauf zugutehält, die Kinder zu ermutigen, sich neuen Herausforderungen zu stellen und die eigenen, sei es aus Faulheit, Feigheit oder Unfähigkeit, oftmals eng gesteckten Grenzen mutig zu überschreiten. Papier ist ja auch viel geduldiger, als man glaubt.

Ewig grüßt das Murmeltier …

Und jetzt geht das wieder los! Da hat sich's eine Lehrerin gemütlich gemacht an ihrer Schule, mit dem Hausmeister ins freundliche Benehmen gesetzt und einen privaten Nichtangriffspakt geschlossen, einen eigenen Garderobenhaken ergattert und sich zum sonnigen Plätzchen am Fenster im Lehrerzimmer vorgearbeitet. Sie wird von der Sekretärin endlich wahrgenommen und hat einen bunten Haufen aus verzogenen Prinzessinnen, großmäuligen Achmeds und blassen Gameboy-Daddlern in »ihre« Kinder verwandelt – und gegen die Kinder an der anderen Schule spricht erst einmal nicht mehr, als dass sie sie noch nicht kennt. Da verlangt man von einer erwachsenen Frau, ihren gewohnten Weg zur Arbeit zu ändern. Sich mit neuen Kollegen zu arrangieren. Und einfach an der Nachbarschule arbeiten zu gehen – im gleichen Job übrigens, fürs gleiche Geld und mit den gleichen Annehmlichkeiten, mit denen der Beamtenstatus so viel Flexibilität, Innovationsfreude und Leistungswillen belohnt. Das kann man so natürlich nicht zugeben und schiebt die Kinder vor. Angeblich erschüttere sie der Verlust ihrer Klassenlehrerin in den Grundfesten ihrer Persönlichkeit, setze Tränenströme frei, begründe Alpträume, und eventuell sogar muss man mit Leistungseinbrüchen rechnen. So wichtig ist die Dame! Beginnen so, ob dieser gemeinerweise vom Schulamt zugefügten Seelenpein, die biographischen Brüche, die dann bekanntlich schnurstracks auf die schiefe Bahn führen und aus zarten Kinderseelen Kiffer, Schulschwänzer, magersüchtige, motzende und rechtsradikale Teenager machen?

Frau Seyerlein schreibt erst einmal einen Brief, den sie den Kindern für zu Hause mitgibt.

»Liebe Eltern,
schweren Herzens muss ich mich für dieses Schuljahr von Ihnen verabschieden, da ich für die noch verbleibenden Schulwochen an die Himmelblau-Grundschule umgesetzt werde.
Dort fehlen schon seit längerer Zeit zwei Lehrer/-innen, und eine ›Mobile Reserve‹ für längerfristige Ausfälle wird in Hamburg nicht eingeplant.
So erwischte es mich am letzten Freitag sozusagen aus heiterem Himmel, nämlich mitten in unserer Theaterprobe! Frau Sonnenstich bestätigte meine Befürchtungen, dass ich für die noch verbleibende Schuljahreszeit dort unterrichten werde.
Für Frau Blütenzart und mich war das ein harter Schlag!
Unser Theaterstück steht noch auf ganz wackeligen Beinen – wie soll es damit nur weitergehen?
Und unsere Klassenfahrt, die wir miteinander geplant haben?
Wir hoffen sehr, dass wir dieses Vorhaben alle zusammen im August verwirklichen können!
Ich bedaure es außerordentlich, so aus dieser Klasse herausgerissen zu werden, von heute auf morgen die Zusammenarbeit, die so gut klappte, einstellen zu müssen, Ihre Kinder, die ich liebgewonnen habe, einfach hinter mir lassen zu müssen, es ist wirklich nicht leicht!
Im Laufe meines 28-jährigen Lehrerlebens ist mir so etwas noch nie passiert, aber offensichtlich muss ich noch so einiges erleben …
Es grüßt Sie herzlich
Elfriede Seyerlein«

Frau Seyerlein hat Pech gehabt. Vielleicht waren die Eltern zu müde, die Kinder zu wenig aufgeregt. Jedenfalls lehrt sie jetzt an einer anderen Grundschule. Ein Nachbeben hatte das Ereignis dann doch noch. Auf dem folgenden Elternabend war der verbliebene Teil des Lehrerteams, die gute Frau Blütenzart, nahe daran, sich den gestylten Pony zu raufen. Der Tagesordnungspunkt versprach Dramatik: Wie soll es nach dem Weggang von Frau Seyerlein jetzt weitergehen? »Also, ich habe ja wirklich schlaflose Nächte gehabt«, ruft Frau Blütenzart mit Kleinmädchenstimme schon zu Beginn der Versammlung. Sie verfällt ins Tremolo. »Immerzu habe ich überlegt, wie das alles wohl werden soll, wenn ich jetzt die Leitung der Klasse ganz alleine habe. Und ob ich das überhaupt schaffen kann, so ganz ohne Frau Seyerlein. Ich hatte doch noch nie eine Klasse ganz alleine. Auch wusste ich gar nicht, wie ich den Kindern das erklären soll, wenn sie nach Frau Seyerlein fragen. Erzählen Sie doch mal, wie haben die Kinder das denn jetzt verkraftet?«

Der Elternvertreter hat die ganze Zeit genickt. Und dann passiert das Wunder. Langsam geht sein Arm nach oben. Es ist unglaublich, schier unfassbar. Er meldet sich nicht nur artig, sondern schnipst sogar ansatzweise mit den Fingern. Als er drankommt, fließt es butterweich aus seinem Mund: »Wie können wir als Elternschaft Sie denn unterstützen? Vielleicht können wir ja was tun, um Ihre Arbeit ein bisschen zu erleichtern.« Da ist sie ganz gerührt, räuspert sich, und die Worte kommen schwer. »Also, das finde ich jetzt ganz toll von Ihnen.« Sie schneuzt sich und schickt dankbare Blicke in die Runde.

Vielleicht will sie ja einfach nur auf den Arm.

*Im Grunde läuft doch alle Pädagogik
auf das Verhältnis der Generationen hinaus.*
Hartmut von Hentig

7. Kapitel

Wie sich Lehrer an Kindern schadlos halten: Betragen ungenügend

In der emotional überhitzten Nähe zwischen Erwachsenen und Kindern, wie sie die Grundschule kultiviert, haben auch die persönlichen Malaisen der Lehrer ihren Stammplatz längst erobert. Viele Grundschüler erleben heute ihre Lehrerinnen als erbarmungswürdige Gestalten, um die sie sich kümmern müssen. Das ist doch vertrackt: Gerade weil die Kinder ihren ersten Lehrern einen so enormen Kredit entgegenbringen, leiden sie mit ihnen: »Frau Greiner ist so furchtbar traurig«, erzählt mir eine Zweitklässlerin, »die weint im Unterricht immer, und dann trösten wir sie.« Der Mann von Frau Greiner sei nämlich ausgezogen, weil er sie nicht mehr liebe, und dann habe sie auch noch Krebs bekommen. Es folgen eine haargenaue Beschreibung der Teile, die aus Frau Greiners Bauch herausoperiert worden sind, und wissende Bemerkungen über die bösen Verfehlungen, deren sich Frau Greiners Mann schuldig gemacht habe. Die Kleine ist ehrlich bekümmert und schließt ihren Bericht mit: »Ich muss der mal einen Brief schreiben, damit sie auch abends was hat, wenn wir nicht da sind.«

Ist es wirklich in Ordnung, mit Zweitklässlern die eigenen schwierigen Phasen in der Lebensmitte so überaus detailliert zu erörtern, nur um sich an den betroffenen Blicken und mitfühlenden Bemerkungen der erschrockenen Kinder zu laben? Die allwaltende Liebesbedürftigkeit von Grundschullehrerinnen versteckt sich manchmal auch hinter ganz reizenden, vermeintlich harmlosen Ansinnen wie dem, dass die Kinder in den Ferien Postkarten an ihre Lehrer schreiben sollen.

»Du, Mama«, wispert mein Jüngster etwas schüchtern und zieht mich zum Postkartenstand. »Können wir eine Postkarte kaufen?« – »Ja klar«, sage ich und frage ihn, wem er denn schreiben will. Wir sind zwar nur übers Wochenende an die Ostsee gefahren, aber sei's drum. »Frau Friedensreich-Bedürftig hat gesagt, man muss den liebsten Menschen zuerst eine Postkarte schreiben, wenn man verreist ist. Und die liebsten Menschen sind die Lehrer, hat sie gesagt.« Er wirkt ehrlich bedrückt und nestelt mit allen Anzeichen wirklicher Besorgnis am Postkartenständer herum. Dann platzt es aus ihm heraus: »Aber das stimmt doch gar nicht. Der liebste Mensch bist du doch und nicht die!« Und das ist wieder so ein Moment, an dem ich aus der Haut fahren könnte. Was bildet sich diese selbsternannte Klassenmutter eigentlich ein? Mit welchem Recht stürzt sie die Kinder in solche dämlichen Loyalitätskonflikte, in denen sie eigentlich nur verlieren können. Alle Kinder nehmen die Worte ihrer Lehrerin für bare Münze, sie machen das, was die Lehrerin ihnen sagt. Nichts hat sie in ihrem bisherigen Leben auf diese plumpe Anmache vorbereitet – sie sind völlig ohne Argwohn, jedenfalls als Schulanfänger.

Wenn ich die Dame zur Rede stellen würde, weiß ich schon genau, wie das ausgeht. Ach, meine liebe Frau Kühn, das war doch nur ein kleines Späßchen, das müssen Sie doch nicht so ernst nehmen. Und ihren Kollegen im Lehrerzimmer, wo sie sich im Ton von Kriegsberichterstattern über ihre Klassen unterhalten, würde sie wieder vorjammern, dass sie schon wieder von so einer Gluckenmutter belästigt werden würde, die nicht loslassen kann und in ihr als Lehrerin eine Konkurrenz sieht. Dabei ist es genau umgekehrt. Sie spielt sich als Klassenmutter auf und leiht sich damit gewissermaßen mütterliche Aura, kokettiert mit dem Ehrenplatz in der kindlichen Gunst, liebster Mensch zu sein, und bringt die Kinder damit durcheinander.

Da lob ich mir die alte Schule. In meinen Zeugnissen standen Ziffern, die mein Verhalten beurteilten – kurz und knapp: Aufmerksamkeit, Mitarbeit, Ordnung, Pünktlichkeit, basta. Ansonsten wurde nur die Leistung, aber nicht meine ganze Persönlichkeit beurteilt – ein Verfahren mit beträchtlich selbstwertschonendem Gehalt. In Leanders Zeugnis stehen Opern, aus denen man unschwer erkennen kann, wie gut er dieser Lehrerin ganz persönlich tut. Und was gut ist, bestimmt selbstredend sie allein: »Deine aufmerksame, freundliche, liebenswerte Persönlichkeit hat mir auch in diesem Jahr wieder viel Freude gemacht. Fröhlich und ausgelassen kannst du mit deinen Freunden spielen. Im Klassenrat fällst du als guter Zuhörer und Beobachter auf, der stets über die jeweilige Gruppensituation informiert ist.«

Bewertet wird hier die ganze Persönlichkeit, nicht die Leistung. Und das geht viel tiefer – im Beurteilten, aber auch in dem, der diese Beurteilung ausspricht: ein Freibrief für die

Lehrerin, um sich persönlich schadlos zu halten. Genau wie die bestellten Postkarten. Die berühmten Schreibanlässe werden hier mitnichten geschaffen; sie tarnen allenfalls den Wunsch der Lehrerin, auch in den Ferien mit Grüßen ihrer lieben Kleinen bedacht zu werden. Wenn das, was sicherlich freiwillig und mit aufrichtiger Sympathie gewährt werden kann und den Empfänger dieser Karte als einen beliebten Lehrer auszeichnet, möglicherweise ausbleiben könnte, wird es eben notfalls als Aufgabe für alle verordnet. Wenn sie sich diese liebevolle Bewunderung nämlich verdienen müssten, würden sie möglicherweise vor einem leeren Briefkasten stehen.

Bauchgefühle verdrängen Kopfgedanken

Die schützende Distanz im Lehrer-Schüler-Verhältnis scheint dahin. Das Verhältnis zur Leistung leider auch. Stattdessen entscheidet heute jeder Schüler selbst, welche Aufgaben des Wochenplans er zunächst bewältigen will, ob er es alleine versuchen mag oder doch lieber die Partnerarbeit wählt oder lieber gleich ganz lässt. Und was er in der Freien Arbeit der Schule nicht schafft, bleibt eben als Aufgabe für zu Hause übrig, wo er dann unproblematisch auf die Hilfestellung ohnehin anwesender Elternteile zurückgreifen kann. Wie viel Schweiß und Tränen da fließen, erfährt die Lehrerin schließlich nicht. Also kann sie weiterträumen vom ganzheitlichen Lernen mit Kopf, Herz und Hand und mit ihresgleichen feiern, dass die beklagenswerte Verkopfung des Unterrichts, den frühere Schülergenerationen noch zu erleiden hatten, jedenfalls in ihren Stunden keine Rolle mehr spielt. Maskiert als kindertümelnde Parteinahme für die Schüler ruiniert die besinnungslose Erlebnispädagogik ein wesentliches Element der europäischen Aufklärungstradition: Statt den Kindern beizubringen, wie man den Kopf sinnvoll und effektiv nutzt, unterstützt man die Bauchrednerei der Gefühle.

Noch das Netteste, was man von den Prinzipien des Offenen Unterrichts sagen kann, ist, dass die frühe Entlassung des Schülers in das selbstbestimmte Lernen auch den Lehrer so enorm entlastet. Wo die Schüler mit- und untereinander einen Teil des Unterrichts vorbereiten und dann bestreiten, sich rege an der Notengebung beteiligen, die Besseren den Schwächeren auf die Sprünge helfen und alle miteinander im Klassenrat ihre Konfliktkompetenz schulen, kann der Lehrer gleichberechtigt und sozialintegrativ irgendwo zwischen seinen Schülern sitzen, am Fenster stehend leicht den Unterricht führen oder sich ganz aufs Beobachten der selbstbestimmten Lernprozesse beschränken. So etwas ist nicht nur wesentlich lustbetonter als die alte lehrerzentrierte Paukschule, sondern führt auch in kurzer Zeit zu beachtlichen Lerneffekten – allerdings nicht bei den Schülern.

Man macht sich im Allgemeinen ja gar keine Vorstellung, wie nachhaltig die Schule bildet: nämlich die Eltern der Schüler, die sich auf einmal gezwungen sehen, den Unterrichtsstoff der ersten acht, neun Schuljahre wieder anzurühren, auf kleiner Flamme warm zu halten und je nach Bedarf zu servieren. Darauf haben wir alle doch gerade noch gewartet, während wir das pralle Schulleben zwischen Wandertagen, Basaren und Schuljahresabschlussfesten genießen.

Selbstverständlich ist auch die Schule ein Ort, an dem Gefühle auf Erziehung treffen. Jeder Schüler erlebt die Angst vor dem Scheitern, die Mühen der Anstrengung, das Hochgefühl des Gelingens, das Glück freundschaftlicher Unterstützung und den Schmerz des Ausgeschlossenwerdens, Zurückbleibens – in der ganz alltäglichen Auseinandersetzung mit dem Wissensstoff kommt das ganz von selbst. Da muss jeder Lehrer hellsichtig, hellhörig und wachsam sein und seinen Schülern Hilfestellung für den Umgang mit emotionalen Schieflagen geben können, so dass sich ein realistisches Selbstbild entwickeln kann. Gute Lehrer haben das immer getan. Übrigens auch ohne den Unterschied zwischen Schule und Familie dabei so gründlich zu planieren und auch nicht auf Kosten der Schule und zu Lasten der eigentlichen Aufgabe, für die diese ganze Veranstaltung erfunden wurde: für den Unterricht. Aber nicht dem Kult von Nähe und Wärme, der Aufladung mit familiären Werten und Kommunikationsformen soll die Schule dienen, sondern für die Vermittlung von Kenntnissen und Fähigkeiten, die Kinder brauchen, um in dieser Gesellschaft zu bestehen, ist sie eigentlich gemacht.

Wer Kindern aber auch in der Schule ausschließlich privatissimo kommt und sie schon in den Grundschuljahren nur mit paramütterlicher Herzenswärme nudelt, erstickt diesen heute immer wichtiger werdenden Prozess. Wie wichtig genau, kann man überall dort erkennen, wo er fehlt – unter anderem auch deswegen, weil es die Lehrenden an einer der wirkungsvollsten Lehrstrategien, an der direkten Instruktion, fehlen lassen.

Die Lehrerzügel sind auf dem Ritt durch die Grundschule im jahrzehntelangen Parcours der Reformwut deutlich lockerer geworden. Nur wenn es auf einem dieser Festchen darum geht, Tische und Bänke aufzubauen, eine Mikrophonanlage zu installieren, rasch mal Kabel zu verlegen oder die gewünschten Leckereien zu liefern und anschließend das Geschirr zu spülen, entwickelt die Grundschullehrerin dann doch wieder einen deutlich imperativ getönten Charme – gegenüber ihren Handlangern, den Eltern.

Die windelweichen, ex-linksliberalen Lehrer heute wollen um Gottes willen keine Vorschriften machen, sondern sich lieber raushalten und auf keinen Fall unbeliebt machen. Die Kinder sollen ihrem eigenen Rhythmus folgen – und der richtet sich dann aber doch am besten nach dem, was der Lehrer für angemessen hält. Der Umfang, in dem das Lernen jedem Kind freigestellt ist, hängt völlig vom Lehrer ab. Entscheidend ist, wie viel Zeit und Energie der Lehrer investieren will; damit kehrt die alte Macht auf leisen Sohlen ins Klassenzimmer zurück. Etwa so:

Mein jüngster Sohn geht jetzt in die zweite Klasse, hat die Tücken der Druckschrift mit Bravour gemeistert und lernt gerade begeistert Schreibschrift. Auch kreuzt er schon souverän im Zahlenraum bis einhundert. Erstaunlich oder einfach nur ungewohnt, aber das Lernen macht ihm einen Riesenspaß. Mit Feuereifer arbeitet er daran, endlich so groß und schlau wie seine Geschwister zu werden; ein Ehrgeiz, den man verstehen kann, wenn man der Jüngste von vieren ist und auf eine Welt gekommen ist, in der immer die anderen schon alles besser konnten als er. Also verlangt er an einem Freitag von seiner Lehrerin Arbeitsblätter fürs Wochenende, und zwar so will er's haben: drei Blätter mit Rechenaufgaben will er mitnehmen und zwei für Schönschrift. Frau Friedensreich-Bedürftig verweigert ihm die Arbeitsblätter, schüttelt den Kopf und mahnt: »Aber am Wochenende sollst du doch nicht arbeiten, da musst du dich ausruhen und ausschlafen, und dann kannst du auch mal ein bisschen fernsehen.« Er fordert unbeirrt weiter die Arbeitsblätter, weil er am Wochenende unbedingt üben will. Dabei ist er keineswegs als Streber geboren, und so schlecht steht er auch nicht da. Doch bei uns zu Hause gilt es als schick, sich am Samstag wichtig mit den Geschwistern an den Küchentisch zu setzen und Hausaufgaben zu machen – ein Zeichen dafür, dass man groß ist und ernsthaft schwere Aufgaben lösen muss und darüber auch gehörig rumjammern darf. Da wollte der Kleinste sich nicht lumpen lassen und auch schwere Aufgaben haben. Gekriegt hat er sie von seiner Lehrerin nicht.

Als ich die Lehrerin beim Elternabend darauf anspreche, winkt sie nur ab. »Wir wissen ja, dass Sie sehr ehrgeizig sind«, knallt sie mir als Erstes um die Ohren. »Aber wir wollen es doch nicht jetzt schon mit dem Schulstress übertreiben.« Eine halbe Stunde später beginnt sie weitläufig zu erörtern, dass sie sich nun mit dem Gedanken trägt, künftig zweimal in der Woche Hausaufgaben aufzugeben. Vorerst nur als Versuch, denn wenn es den Kindern zu viel werde, würde sie das sofort wieder abbrechen. Sie bittet inständig, darauf zu achten, dass die Kleinen nicht länger als zehn Minuten an den Hausaufgaben säßen. Der Bewegungsdrang sei nämlich bei Siebenjährigen noch so stark ausgeprägt, dass das Stillsitzen über zehn Minuten hinaus eine wahre Qual sei. Komisch: bei einem spannenden Computerspiel bringen die Kinder diese bewegungslose Konzentration doch durchaus auf – sogar stundenlang, wenn man sie lässt.

Frau Friedensreich-Bedürftig stichelt weiter in meine Richtung: »Das mit den Hausaufgaben wird Ihnen sicher gefallen.« So geht das weiter. Seitenhieb folgt auf Seitenhieb, und irgendwann platzt mir der Kragen. Ich sage ihr, dass ich doch nun wahrhaftig keine Eislaufmutter sei, die mangels eigenen Lebenserfolgs den Nachwuchs stellvertretend triezen müsse. Da lächelt sie mit dieser unvergleichlichen gouvernantenhaften Grundschullehrerinnen-Attitüde, matt, ein bisschen verächtlich und vor allem belehrend: »Aber gute Frau Kühn, ein bisschen Ferien und Ausruhen müssen doch auch mal sein. Man kann doch nicht immer nur arbeiten!« Dass es mir darum gar nicht gehe, versuche ich entgegenzuhalten, obwohl sie längst den Kopf weggedreht hat und beifallheischend zu den anderen Eltern schaut. Ich versuche es trotzdem: Bitte helfen Sie mir ganz einfach, und verzichten Sie darauf, dieses zarte Pflänzchen Motivation zu zertrampeln. Lassen Sie ihn doch üben, wenn er unbedingt will. Denn ich habe es sonst schon bald mit einem Vierzehnjährigen zu tun, der mir genau das erzählt: dass er dringend »chillen« muss und keinen Bock aufs Lernen hat. Der bis mittags im Bett liegt und dann nur aufsteht, um seine X-Box zu bespielen, das ist viel wichtiger, als eben noch mal zwanzig Vokabeln zu lernen.

Sie schaut mich verständnislos an. Kopfschüttelnd wechselt sie das Thema. Es wäre nämlich rasch noch zu klären, ob die Eltern bereit wären, die Spielecke im Klassenzimmer aufzuräumen und vielleicht zu renovieren. Die Kinder spielten doch noch arg gerne, entsprechend sähe die Ecke aus. Und, wieder mit Seitenblick auf mich: »Das Spielen ist doch noch so ungeheuer wichtig für die Kinder, da muss man sie einfach lassen und darf sie nicht so unter Leistungsdruck setzen.«

respect – just a little bit – r e s p e c t.
ARETHA FRANKLIN

Sprich freundliche Worte. Freundliche Worte schlagen Wurzeln, sie blühen und bringen Gutes in dein Leben.
MEINE OMA

8. Kapitel

Mit welchem Recht?: Vorbild Lehrer

»Frau Blütenzart hat gesagt, dass Bohnen mit Nudeln nicht gehen«, sagt Charlotte. »Soso«, gebe ich zurück, »was geht denn daran nicht?« – »Das passt nicht zusammen«, wiederholt sie bestimmt und schüttelt den Kopf. »Nee, das geht gar nicht!« Johannes tippt sich an die Stirn, Leander kichert leise, und Pauline lässt nur ein lautes »Hää?« vernehmen. Charlotte verschränkt die Arme vor der Brust und schiebt ihren Teller weg. »Das kann ich nicht essen. Zu Bohnen passen nur Kartoffeln.« Ich versuche so etwas wie einen interessierten, aufgeschlossenen Ausdruck auf mein Gesicht zu legen, obwohl mir innerlich schon wieder der Kamm schwillt. Diese Sätze, die sie aus der Schule mitbringen, die immer mit »Frau Sowieso oder Herr Weißnichtwie haben gesagt …« beginnen, transportieren zuverlässig noch immer den reinsten Blödsinn an den Küchentisch. Nudeln mit Bohnen und Hackfleisch in Tomatensoße und frischem Majoran sind bei uns zu Hause ein absolutes Lieblingsgericht, und zwar von allen vier Kindern. Damit kein Zweifel aufkommt: Ich halte das leicht aus, wenn ein Kind mal nichts essen mag von dem, was ich gekocht habe. Aber jetzt mag Charlotte ihren Teller nicht leer essen, weil die Lehrerin findet, das passt nicht zusammen.

Nun sind Nudeln mit Bohnen und Tomatensoße nicht das, was die Welt im Innersten zusammenhält. Es ist einfach nur ein ganz kleines Detail unter vielen anderen, das allerdings wie in einem Wassertropfen einen Teilausschnitt aus dem bunten Szenario pädagogischen Versagens vergrößert. Mit welchem Recht erlaubt sich eigentlich ein Lehrer, seine persönlichen Vorlieben im Tonfall eherner Gesetze zu verkünden? Als hätte es nicht genügt, mit höflichem Interesse zu quittieren: »Oh, Bohnen mit Nudeln – das kenne ich ja noch gar nicht. Würde ich auch gerne mal probieren«, fällt diese Lehrerin ein Urteil – Bohnen und Nudeln passen nicht zusammen. Wissen diese Lehrer denn nicht, wie viel ihr Wort bei den Kindern gilt, mit denen sie schließlich beinahe den gesamten wachen Teil des Tages verbringen? Die schlechte Nachricht vorweg: Eine gute Grundschule – die erste Außenwelt, der man sein Kind anvertraut – kann einen starken Einfluss auf das Familienleben nehmen. Eine schlechte leider auch.

Haben diese Lehrkräfte denn nicht den blassesten Schimmer davon, dass das, was sie sagen, eine unverhältnismäßige Durchschlagskraft entfaltet, jedenfalls bis die Kinder sich ihren eigenen Reim auf die Verhältnisse machen können? Hat ihnen denn niemals jemand nahegebracht, dass es ihre Pflicht ist, den Kindern dabei zu helfen, indem sie mit ihrer Meinung hinter dem Berg halten, bevor der Sachverhalt nicht wenigstens von zwei Seiten beleuchtet ist? Mehr noch:

Lehrer müssen eigene Zweifel, persönliche Vorlieben und Unsicherheiten nicht mit ihren Schülern teilen, sondern Themen interessiert und bewertungsfrei hinterfragen – Gedanken weiterzuführen, das ist ihre Aufgabe. So können sie wunderbar zeigen, dass sie sich um die Wahrheit bemühen, anstatt immer nur so zu tun, als hätten sie sie gepachtet. Dämmert ihnen nicht auch nur ausnahmsweise mal, dass sie von Berufs wegen Vorbilder sind – ob sie wollen oder nicht, ob sie geeignet sind oder nicht. Auch gerade dann, wenn sie das vergessen haben und es vorziehen, entweder so etwas Ähnliches wie eine liebe Kindergartentante zu sein, die man vor allem mag, weil sie so furchtbar nett ist, oder ein zynischer, kaltherziger Fachidiot, der sich als Rudelführer aufspielt und keinen Widerspruch duldet.

Vorbilder wider Willen

Kleine Kinder hören ihren Lehrern sehr genau zu und beobachten scharfsichtig – der Download läuft und läuft. Sie schauen zu ihren Lehrern auf. Das tun sie nicht etwa, weil die natürliche Autorität der lehrenden Personen so besticht, sondern weil ihr natürliches Bedürfnis nach Orientierung so groß ist. Dass es Richtiges, Falsches und dazwischen eine Menge gibt, über das sich so eindeutig nicht urteilen lässt, so dass man zunächst überlegen muss – diese Botschaft müssen Lehrer klar und eindeutig rüberbringen. Die Notwendigkeit, Sachverhalte zunächst kennenzulernen und von möglichst vielen Seiten zu beleuchten, geht der Fähigkeit zur Kritik doch noch immer voran. Und die entsteht doch ganz von selbst: als Ergebnis und auf der Grundlage eines breiten Wissens und nicht etwa, indem man Schüler, die keine Ahnung haben, ständig nach ihrer Meinung fragt oder indem der Lehrer sich vorne hinstellt und ihnen etwas vorkritisiert.

Ausgerechnet in den Jahren zwischen sechs und zehn, wenn die Kinder dabei sind, sich mit Hilfe ihrer Eltern und ihrer Geschwister, dann ihrer Freunde, Mitschüler und ihrer Lehrer eine Philosophie zurechtzubauen, wie sie mit den Unwägbarkeiten des Lebens – und dazu gehören auch geschmackliche Vorlieben – umzugehen gedenken, geraten sie an Lehrer, die ebenso unbedacht wie unbedarft daherquatschen, Meinungen für unumstößliche Gewissheiten ausgeben und es an jeglichem Bewusstsein dafür, wie sie eigentlich auf die Kinder wirken, fehlen lassen. Mit welchem Recht?

Die Referendarin, die den Kindern im Unterricht das Naschen verbietet und sich selbst dann verstohlen zu ihrer Tasche hinunterbückt und kräftig von ihrem Schokoriegel abbeißt, kann sich darauf verlassen, dass die Zweitklässler mit ihrem scharfen Blick das längst registriert haben und ihre eigenen Schlüsse daraus ziehen, was es mit den Regeln so auf sich hat, die sie beinahe in jeder Stunde herunterbetet – wer die Macht hat über Schwächere, darf machen, was er will.

Der Musiklehrer, der nicht zur Chor-AG erscheint, und keiner weiß, warum. Dreizehn Kinder stehen vor der verschlossenen Tür, und das eine geschlagene halbe Stunde lang. Dann kommt einer auf die Idee, mal nachzufragen, und rast ins Sekretariat. Dort weiß man auch nichts über den Verbleib des Lehrers. Und schickt die Sechsjährigen einfach nach Hause, wo die meisten von ihnen vor verschlossener Haustür ausharren. Denn die ahnungslosen Eltern sind noch bei der Arbeit. Am nächsten Tag erfahren die Kinder zufällig, dass des Lehrers Sohn plötzlich an einer Erkältung leidet und zum fraglichen Zeitpunkt ein Arztbesuch notwendig war. Sich abzumelden hat der Lehrer einfach vergessen. Auf die Idee, sich zu entschuldigen, kommt er erst gar nicht.

»Türkische Jungen erkennt man daran, dass sie immer auf die Straße spucken«, erklärt mir mein Achtjähriger im Brustton der Überzeugung. »Das hat uns Herr Franz heute gesagt.« Ich trau meinen Ohren nicht, frage vorsichtig zurück: »Und was haben Burak und Taifun dazu gesagt?« – »Nichts«, zuckt er mit den Schultern. »Aber die haben noch nie auf den Boden gespuckt.«

Kurze Zeit später gehe ich mit meiner neunjährigen Tochter durch die Fußgängerzone. Da steht ein Würstchenverkäufer, der Wiener aus dem Bauchladen anpreist. Sie baut sich vor ihm auf und zetert los: »Siehste, das hast du jetzt davon, dass du in der Schule nichts gelernt hast. Jetzt kriegst du keine andere Arbeit mehr und musst jeden Tag Würstchen verkaufen.« Peinlich, peinlich. »Was fällt dir eigentlich ein?«, fahre ich sie an, der Würstchenverkäufer ist völlig perplex. »Wieso«, verteidigt sie sich empört, »Frau Buhmann hat das gesagt. Wenn wir nicht genug lernen, können wir nicht aufs Gymnasium, und dann müssen wir später auf der Straße Würstchen verkaufen.«

Nur ein paar wenige kleine Beispiele; aber jede Mutter hat unzählige davon auf Lager.

Eine wahre Schlammflut von komischem Verhalten, fadenscheinigen Ausreden, Stammtischweisheiten und dummen Bemerkungen, die sich Lehrer gegenüber Kindern erlauben, brandet Tag für Tag an die Küchentische von Familien, die Kinder im schulpflichtigen Alter haben. Sie alle künden von mangelndem Respekt, fehlender Charakterstärke, ideologischer Borniertheit und übelster Laune. Nun bittet man wegen geschmacklicher Präferenzen ja nicht sofort um einen Termin zum Lehrer-Eltern-Gespräch. Aber vielleicht sollte man es tun – schließlich geht es durchaus um mehr als die endgültige Klärung der Frage, ob man Bohnen mit Nudeln oder mit Kartoffeln zu servieren hat oder warum man selbst auf den Haps Schokolade verzichten soll, wenn noch nicht einmal die Lehrerin so viel Selbstbeherrschung aufbringt.

Kaum ein Schultag vergeht, ohne dass wenigstens eines meiner Kinder Bemerkungen eines Lehrers zum Besten gibt, die mir derart aufstoßen, dass ich am liebsten sofort zum Telefon greifen würde, um den Fall zu klären. Aber es hätte keinen Zweck, denn die Lehrerin würde sowieso nur wieder alles abstreiten und mich mit ein paar launigen Bemerkungen über die blühende Phantasie dieses oder jenes Kindes abspeisen.

Überhaupt: Abspeisen – darin sind sie Weltmeister.

Dass Frau Rutenstroh, die kein Kind der Klasse kennt, als weibliche Begleitperson mit auf die Klassenfahrt fahren würde, hat der Klassenlehrer morgens den Kindern und abends den Eltern auf dem Elternabend mitgeteilt. Den Eltern ist das eigentlich wurscht, schließlich kennen sie weder die eine noch die andere Lehrerin besonders gut. Was liegt näher, als die Schüler selbst zu fragen, wen sie sich als weitere Begleitperson wünschen? Die Wirklichkeit: Bei den Schülern regt sich Widerspruch, sogar annähernd einstimmig, was bei zwanzig Dreizehnjährigen auch eher die Ausnahme ist. Sie wollen alle viel lieber mit der Französischlehrerin fahren, die sie mögen und von der sie sich akzeptiert fühlen. Selbstredend hat sie niemand gefragt, deshalb fragen die Kinder selbst die Französischlehrerin. Ja, klar, sagt die. »Ich würde auch gerne mit euch fahren, aber ich darf Herrn Gelernter doch da nicht reinreden.« Klassenfahrten sind, genauso wie der Unterricht, eben reine Privatsache.

Muster ohne Wert …

In den Grundschuljahren geht doch immer auch die persönliche Lebenshaltung der Lehrer auf ihre Schüler über, das passiert stückweise und nicht immer berechenbar. Gerade weil die Schule keine effiziente Bildungstankstelle ist, übt sie doch immer einen starken moralischen Einfluss auf die Kinder aus, oder sie ist eben keine gute Schule. Man muss ja auch nicht mit allem übereinstimmen, was die Schule an persönlicher, gesellschaftlicher und moralischer Erziehung zu bieten hat.

Könnten sich Lehrer aber bitte endlich mit dem Gedanken anfreunden, dass ihr Verhalten immer auch Vorbildfunktion für die Schüler hat und sie oft nachhaltiger prägt als ihr Unterricht? Etwas von dem, was da so unbedacht dahergesagt wird, bleibt immer hängen, und am Ende werden die gesellschaftlichen, geistigen und emotionalen Wertvorstellungen der einen von der nächsten Generation aufgenommen. Das sollten Lehrer, die immerhin das Privileg haben, mit dem Besten zu arbeiten, was unsere Gesellschaft hat, durchaus beunruhigen und anspornen. Doch hier durch die Schulbank hinweg: Fehlanzeige.

Zwar schlängeln sich die meisten von uns Erwachsenen mit Hilfe festgefügter Meinungen durch den Tag. Wir wissen, was uns schmeckt, welche politische Richtung wir unterstützen, haben eine Meinung zu Themen wie Bildungspolitik, Dosenpfand und Homo-Ehe. Doch die Kinder müssen eine realistische Chance bekommen, sich ihre eigene Meinung erst einmal zu bilden; auch wenn das nicht mehr heißt, als darauf zu verzichten, ihnen vorgefasste Denkschablonen überzustülpen. Auch das ist eine Frage von Respekt.

Gegenseitige Achtung gelingt unter anderem, wenn ich in den Spuren anderer gehe und dabei die Balance halten kann. Dabei geht es nicht um Verhaltensregeln oder um einen starren Tugendkanon oder kleinteiligen Kompetenzkatalog für Lehrpersonen; es geht um die natürliche Suchbewegung der Kinder, die der Lehrer besser unterstützt, anstatt sie mit Unsinn zu bremsen. Es bleibt immer noch alles zu entdecken – diese Einsicht vor allem scheint den Lehrerinnen und Lehrern heute auf breiter Front verlorengegangen zu sein. Wäre das anders, könnte es tatsächlich einmal passieren, dass ein Lehrer seine Arbeit rechtfertigen muss. Ein gruseliger Gedanke für viele deutsche Unterrichtsbeamte, die aus lauter Gewohnheit noch immer sachliche Kritik als persönlichen Angriff werten. Aber die Bereitschaft, sich mit eigenen Befindlichkeiten und Bewertungen zurückzuhalten, gehört genauso dazu wie die, Irrtümer und Fehlentscheidungen zuzugeben und sich bereit zu zeigen, aus ihnen zu lernen. Warum fällt das den beamteten Bescheidwissern eigentlich so unsagbar schwer?

Auch das Petzen will gelernt sein

Meinetwegen sollen sie sich auch im Matheunterricht über ihr Lieblingsessen unterhalten. Doch ich wünsche mir etwas vornehmere Zurückhaltung in Sachen vorschneller Bewertung: einen kleinen verantwortungsvollen Widerschein des taktvollen Abwägens verschiedener Standpunkte, das beispielsweise im Klassenrat so eisern geübt wird. Da schreiben die Schüler dann Zettelchen wie »Josef hat Popel an mich geschmiert.« Oder: »Laura hat mich geschubst.« Die Anklagen werden die ganze Woche über gesammelt, und am Freitag kommt alles auf den Tisch und wird verhandelt. Die Kinder sind ausdrücklich aufgefordert, etwa zu notieren, wenn einer mit Radiergummis schmeißt, selbst wenn der gar nicht auf sie selbst zielt. »Da lernen sie doch Demokratie!«, triumphierte Frau Friedensreich-Bedürftig auf dem Elternabend über den kleinlauten Einwand eines Vaters, dem die Verlesung der behandelten Themen ziemlich denunziatorisch erschien und der schlichte Ermunterung zum Petzen aus der Demokratieübung las. Sofort holte sie aus zu einem ihrer berüchtigten Referate über die Pflege demokratischer Verhaltensweisen, am besten von der Wiege an. Wer hingegen die Gelegenheit wahrnimmt, hin und wieder einen der wöchentlich stattfindenden Klassenräte der Kinder zu besuchen, merkt schnell: Schon die Zweitklässler sind unübersehbar gelangweilt vom Sozialkitsch der Verständigungsrituale und Einigkeitsbeteuerungen, ohne die heute kein schülerorientierter Unterricht mehr auskommt.

Demokratie à la mode

Nehmen wir ein aktuelles Thema: »Frau Pappenheimer hat gesagt, dass der Schulminister böse ist, weil er keine neuen Lehrer einstellt und deswegen die alten Lehrer so viel arbeiten müssen.«

Diesen Knaller hatten wir vor kurzem zu verdauen; wieder hat Charlotte dieses beeindruckend umsichtige Statement aus dem Deutschunterricht mit nach Hause gebracht. Ob es mir gelungen ist, die Bombe zu entschärfen, weiß ich nicht. Denn Charlotte – genau wie ihre Mitschüler auch – glaubt unbesehen, was ihre Lehrerin sagt, und es ist wahrhaftig nicht leicht, mit Argumenten gegen eine so treue, unerschütterliche Zuneigung anzukommen. Was Frau Pappenheimer gerne isst, was sie anzieht und was sie über das Leben im Allgemeinen und die Politik im Besonderen denkt, das kommt bei uns zu Hause in Stein gemeißelt an. Aber sollten Erwachsene, und dazu gehören auch Lehrer, wenn sie mit Kindern reden, nicht abwägen, versuchen, die Situation der Lehrer darzulegen, über die Verschuldung des Staates, die in Bedrängnis geratene Regierung und die allgemeine Ungewissheit zu reden? Anstatt in unendlich bedürftiger Liebedienerei die natürliche Intelligenz der Kinder zu beleidigen, indem Lehrerinnen ihnen schlicht erklären, der Schulminister sei böse, und ihr Bedürfnis nach Orientierung und Erkundung dazu ausnutzen, die unsinnigsten Vorurteile in den Köpfen zu verankern – nur weil ihnen das in ihren eigenen politischen oder sonstwie weltanschaulich verbrämten Kram passt.

Wie charakterschwach und betriebsblind genau sind solche Lehrerinnen eigentlich, dass sie sich auf diese billige Tour der Parteigängerschaft noch der kleinsten Menschen versichern müssen? Ich wünsche mir Lehrer, die trotz aller Offenheit für die Zukunft und trotz der Vorläufigkeit jeder didaktischen Erkenntnis in einem bestimmten Sinn erwachsen geworden sind. Die das Herumexperimentieren mit nahen Beziehungen, das Austarieren von Machtverhältnissen in zwischenmenschlichen Bindungen, religiösen und politischen Haltungen, beruflichen Wünschen und weltanschaulichen Positionen ein Stück weiter hinter sich gelassen und – wie bruchstückhaft auch immer – Identität gewonnen haben. Ein Lehrer, der seinen Schülern mit seiner Person und mit dem, wofür er einsteht, Widerpart bietet, ein klares Gegenüber und damit Sicherheit geben kann. Auf dieser Grundlage kann er auch Fragen, die für ihn selbst unklar sind, offenlegen. Oder auch mit ihnen herumalbern, spielen und schöne Feste feiern.

Neugier, Spontaneität und Spielfreude muss doch jeder Erwachsene pflegen, wenn er nicht komplett verkalken will. Erst recht der Lehrer. Ohne Widerhall des vergangenen wie gegenwärtig Kindlichen im Erwachsenen wäre pädagogisches Verstehen wohl kaum möglich. Das gilt auch für die dunklen Seiten der Kindheit, die wir Erwachsene so gerne verdrängen: die Erfahrungen der Hilflosigkeit und die Erlebnisse von Ohnmacht gegenüber Menschen, die stärker und mächtiger sind als wir. Bindungspädagogik allein genügt nicht. Sie muss austariert werden mit dem Respekt vor der Andersartigkeit des Gegenübers und dem Gespür für Situationen, in denen man nicht interventionsberechtigt ist. Man könnte es auch Taktgefühl nennen.

Weil die Grundschullehrer heute aber nur noch das Kindliche in sich selbst pflegen, geraten sie so leicht aus der Balance. Die wirklichen Kinder, die da vor ihnen sitzen und an ihren Lippen hängen, sehen sie gar nicht mehr. Und deswegen haben sie es so nötig, um ein Kinderlächeln zu buhlen, ihre Schüler zu indoktrinieren und auf ihre Sicht der Dinge einzuschwören. Auch deshalb fällt es ihnen so unendlich schwer, darauf zu verzichten, ihre Schüler als Co-Therapeuten für die eigene Unsicherheit zu missbrauchen.

Erfurt revisited …

Das muss man sich mal vorstellen: Da gehen Schüler und Lehrer Beziehungen ein, die sie beide nicht selbst wählen oder bestimmen können – außer auf der Grundlage persönlichen Akzeptierens und Respektierens. Wo man für den Lehrer noch ein Quentchen Freiwilligkeit zumindest am Punkt seiner Entscheidung, Lehrer zu werden, erspähen kann, hat der Schüler noch nicht einmal eine Wahl.

Gerade weil die Schüler ihre Zeit nicht freiwillig in der Schule verbringen, erwarten sie etwas, was das Bleiben lohnt. Und das kann eine spannende Chemiestunde sein, eine Auseinandersetzung mit einem herausfordernden Text oder ein facettenreicher Blick auf historische und politische Ereignisse. Bevor diese Art von wünschenswertem Unterricht gelingen kann, muss das Fundament stimmen: Die Qualität der Lehrer-Schüler-Beziehung ist der limitierende Faktor, denn je schlechter die einzelnen Beziehungen sind, desto geringer fällt die Identifikation des Schülers mit der Schule aus. Schüler, die sich ungerecht und unfair von ihren Lehrern behandelt fühlen, deren Verhalten als willkürlich und unkalkulierbar erleben, können nicht gut lernen und neigen außerdem auch sehr viel stärker zu aggressivem Verhalten als Schüler, die das nicht so erleben. Tun wir doch nicht dauernd so, als sei der Zusammenhang zwischen Schulversagen und Gewaltbereitschaft nicht längst über persönlichen Augenschein und mit Hilfe solider wissenschaftlicher Studien belegt.

Da muss der Lehrer schon allein aufgrund seines Vorsprungs an Lebenserfahrung in Vorleistung gehen, denn es gehört zu seiner Aufgabe, das Vertrauen der zu Belehrenden erst einmal zu gewinnen. Der Lehrer, nicht der Schüler, gestaltet die Beziehung und zeichnet für deren Qualität verantwortlich. Der Schlüssel zum (Lern-)Erfolg liegt in einer Kultur der Anerkennung. Das ist keine Kuschelpädagogik, sondern dient dem simplen Umstand, bei Schülern überhaupt erst die emotionalen Voraussetzungen für das Lernen schaffen zu müssen – auch wenn das schlimmstenfalls nicht mehr ist, als sie wenigstens nicht zu zerstören. Misslingt dies, indem dieses Verhältnis von einer Seite oder beiden gestört ist, sind Konflikte unausweichlich. Lässt es der Lehrer dann auch noch am notwendigen Respekt vor seinen Schülern mangeln, tritt er die wichtigste Bildungsmaxime mit den Füßen: Man darf Kinder nicht beschämen. Kein Kind darf kleingemacht oder verletzt werden. Kein Kind muss die unflätige Ausdrucksweise eines Lehrers tolerieren. Vergreift sich eine Lehrkraft im Ton, muss sie sich bei den Schülerinnen und Schülern entschuldigen – das ist doch das mindeste!

Natürlich stellt sich der Lehrer selbst immer außerhalb des Konflikts. Mit welchem Recht eigentlich sind nur ihre Gedanken verbindlich und haben Kinder keine wirkliche Möglichkeit zum Widerspruch, zu einer eigenen Meinung? So, als habe das Problem nichts mit ihm zu tun, sondern sei ausschließlich dem schwierigen Schüler zuzuschreiben. Lehrerinnen und Lehrer müssen in einer Situation arbeiten, die für die Schüler genauso wie für sie selbst von Macht, Übermacht, Ungerechtigkeit und Unfreiheit geprägt ist. Das führt zu unterschwelligen und offensichtlichen Spannungen, aus denen Konflikte entstehen. Dagegen wird den Lehrern eine Reihe von Schulstrafen, Verordnungen und Gesetzen bereitgestellt, aber in seiner Not aus Hilflosigkeit, Überforderung und Ich-Schwäche greift der Lehrer auf ungefähr alle Bosheiten zurück, zu denen sich Stärkere gegenüber Schwächeren gemeinhin hinreißen lassen. Diese verstärken Macht und Übermacht und halten so den schulischen Dauerkrieg aufrecht.

»Mit deinem Gesicht würde ich mich lieber bei Aldi hinter der Kasse bewerben«, verhöhnt der Französischlehrer der fünften Klasse im Gymnasium ein elfjähriges Mädchen, das gerade über die Vier unter ihrer Klassenarbeit in Tränen ausgebrochen ist. Das hat sich herumgesprochen, und die Elternvertreterin besteht auf einem klärenden Gespräch mit diesem Lehrer und der Schulleiterin. Der Fachbeamte lehnt sich entspannt zurück, vor Einsicht, Eingeständnis eines Fehlers gar, schützt ihn sein unkündbarer Beamtenposten. Er lässt die Elternvertreterin einfach auflaufen: »Was wollen Sie denn überhaupt? Ich zieh meinen Stiefel hier durch. Sie können mir doch gar nichts.« Die Schulleiterin schweigt – Schwamm drüber.

Betrachten wir die Beschwerden über die heutigen Schülergenerationen doch einmal von einer anderen Warte aus. Was tragen allein die gängigen Lehrerlaster zu dem Trauerspiel an deutschen Schulen bei? Lehrer ignorieren, vernachlässigen, behandeln ungerecht und reden ihren Schülern fehlende Begabung ein, sie beschämen wegen Persönlichkeitsmerkmalen und Herkunft. Sie machen Schüler lächerlich und stellen sie bloß, sie belasten mit Schuldvorwürfen und setzen sie unter Druck, der sich im Klassenraum epidemisch vervielfältigt: ein Lehrer, der einen Schüler bloßstellt, gibt ihn zusätzlich der Häme der ganzen Klasse preis. Notendruck zieht unweigerlich eine Verschlechterung der Beziehung zwischen Lehrer und Schüler nach sich. Oder hat jemand schon jemals eine gute Note bei einem Lehrer geschrieben, der ihn nicht leiden kann?

Der ganze Strauß diskreditierender Verhaltensweisen hat den Rohrstock und die äußeren Disziplinierungsmaßnahmen ersetzt. Doch manipulierendes Psychogefasel, blöde Sprüche auf Kosten der Kinder, abschätzige Gesten, abwertende Blicke und dämliche Witzeleien schmerzen doch nicht weniger als Kopfnüsse und Stockschläge, mit denen frühere Generationen zur Räson gebracht wurden, sondern verletzen eher mehr, weil sie so überaus unfair, schleichend giftig und indirekt daherkommen.

Es ist doch so: Ein Lehrer, der seinen Schüler mit »Arschloch« tituliert, hätte am nächsten Tag die Eltern auf der Matte stehen und mit viel Glück tatsächlich disziplinarische Konsequenzen in Gestalt eines sehr ernsten Dienstgesprächs oder vergleichbarer Schrecklichkeiten zu gewärtigen. Doch einer, der einen Schüler bloßstellt, vor der Klasse lächerlich macht, ihm einredet, dumm zu sein, ihn beschämt, verletzt und demütigt, kommt ungescholten davon. Denn das derart gekränkte Kind wird sich dreimal überlegen, ob es die schlechte Meinung, die es mittlerweile von sich selbst hat, auch noch weiträumig kommuniziert. Deshalb sind die Schuljahre von Teenagerkindern so viel schwieriger als die Grundschulzeit. Kleine Kinder können es kaum erwarten, daheim alles zu erzählen. Wenn sie älter werden, warten sie, brüten vor sich hin und sagen besser nichts – aus Angst vor dem Lehrer, den Mitschülern oder dem Wirbel, den das zu Hause verursachen würde, wenn sie doch etwas erzählen würden. Sie leiden einfach still oder lassen andere leiden – den Rückzug nach innen treten die einen an, andere wenden ihre Aggressionen nach draußen. Nur ausnahmsweise rücken sie mit einer bestürzenden Neuigkeit heraus.

Ein ungleicher Kampf tobt in so manchem Klassenzimmer, bei dem die Verlierer in der Überzahl sind: Kinder können sich bis weit ins Teenageralter hinein gegen Ironie nicht wehren, weil sie nicht mit gleicher Münze zurückzahlen können. Der Lehrer als Raubtierbändiger in seiner Zirkusarena vor leeren Zuschauerrängen darf sich mit seinen Methoden in Sicherheit wiegen. Egal ob er Leckerlis verteilt oder mit der Peitsche knallt, um seine Dressur durchzusetzen – da ist kein Publikum, das sein Tun beobachtet. Hospitationen von Kollegen kommen so gut wie nie vor, Besuche von Eltern im Unterricht sind eher die Ausnahme und an Gymnasien praktisch unbekannt – das ist die eigentliche Botschaft hinter dem Schild am Schultor »Schulfremden Personen ist das Betreten nicht gestattet«.

Wenn der Lehrer die Klassentür schließt, ist er allein mit seinen Schülern. Auf dem Elternabend versichern einige Mütter und Väter vielleicht noch eilfertig, ihre Kinder gingen gern zu ihm in die Schule, ansonsten hört er von ihnen, wenn es einmal ein Problem gibt – im wesentlichen aber nur, wenn es um den Übergang auf eine weiterführende Schule geht.

Sobald der Lehrer die Klassentür hinter sich zumacht, ist er König – ein armer König, der sich die Treue und Loyalität seiner Untertanen erst einmal verdienen müsste, und weil er das in der Regel nicht schafft, macht er Druck und herrscht mit unlauteren Methoden und Launen. Was der Lehrer eigentlich sich selbst fragen müsste, sei hier auszusprechen einmal erlaubt: Wie viele seiner Schüler säßen da wohl vor ihm, wenn sie freiwillig kommen könnten?

Kein Schüler vermutet am Anfang einen Feind in seinem Lehrer. Feindbilder entstehen nicht über Nacht, sie entwickeln sich im Laufe der Zeit – und Kinder verbringen viel Zeit in der Schule. Mit 30 anderen Schülern in einem Raum von höchstens 25 mickrigen Quadratmetern, einen ganzen Vormittag lang, fünfmal die Woche und auf Jahre hinaus – in diesem Treibhaus gedeihen die Feindbilder schon ganz von selbst. Der tägliche Kontakt reicht völlig aus, in Gestalt von Lehrerreaktionen, die Schüler als unangemessen empfinden. Ihre Eltern übrigens auch, wenn sie zufällig etwas davon erfahren.

Was wohl Zynismus, Schikanen und Kränkungen von Lehrern gegenüber ihren Schülern dazu beitragen, dass Schule in den letzten Jahren immer häufiger in einem Atemzug mit Gewalt genannt wird, darüber darf man durchaus spekulieren. Sensible Naturen müssen jetzt sehr tapfer sein, aber: Stellen wir doch einmal, natürlich völlig unzulässigerweise und kommentarlos, die höchst bedauerlichen Fälle von zig ermordeten Lehrern, die in den letzten Jahren von Schülern erschossen wurden, neben die zwanzig bis fünfundzwanzig Schüler, die sich jedes Jahr das Leben nehmen – wobei Schulschwierigkeiten nicht immer, aber immer öfter eine gravierende Rolle spielen. Ich will wirklich nicht stänkern. Aber ich vermisse besorgte Politikerstimmen, die wieder mehr Werteerziehung in der Schule fordern, wenn mal wieder ein verzweifelter Schulversager vom Hochhausdach in die Tiefe gesprungen ist.

In Zeitungsberichten, Fernsehdokumentationen, Stammtischrunden und Talkshows tritt gemeinhin immer nur der Schüler als Täter in Erscheinung. Seine Opfer sind andere Schüler und ja, neuerdings auch Lehrer. Erstaunlich ist doch, dass der Lehrer als Täter dabei so gut wie nie vorkommt. Aber ist diese Beschränkung auf Schülergewalt tatsächlich durch Tatsachen gerechtfertigt? In der Schule können alle Beteiligten auf verschiedene Weise Gewalt anwenden – aber doch eher die Lehrer gegenüber den Schülern als umgekehrt.

Geht man davon aus, dass Gewalt etwas ist, das Stärkere Schwächeren zufügen, dann sind wir in der Schule auf einem Auge blind. Die Alltagserfahrungen ganzer Schülergenerationen sprechen eine andere Sprache: Gewalt, die von Lehrern ausgeht und sich gegen Schüler richtet, ist beileibe kein so seltenes Ereignis, dass sie in der Diskussion vernachlässigt werden darf. Sicher, Lehrer werden Schüler nicht so prügeln, beschimpfen, verunglimpfen, bedrohen, erpressen, wie es unter Schülern vorkommt. Auch wird kaum ein Lehrer einem Schüler die Jacke abziehen, das Handy klauen oder ihn gar blutig prügeln. Aber wenn die Arten der Aggression sich unterscheiden – muss sich deshalb das Ausmaß an erlebter Kränkung unterscheiden? Mal abgesehen davon, ob es wirklich angemessen ist, kränkendes Verhalten unreifer Schüler mit dem gleichen Maß zu messen wie kränkendes Verhalten eines Berufspädagogen: Ist Lächerlichmachen durch den Lehrer vor der ganzen Klasse harmloser als Prügel von einem Mitschüler? Ist das Anherrschen durch den Lehrer weniger verletzend als obszöne Beleidigungen von Mitschülern? Sind Ignorieren, Blamieren oder Aufmerksamkeitsentzug, böse Unterstellungen und gemeine Anspielungen weniger schmerzhaft als die Zerstörung von Eigentum durch andere Schüler aus Rache oder Bosheit? Viel spricht dafür, dass den meisten Schülern ebenso viel Kummer von Lehrern bereitet wird, wie ihn Schüler sich untereinander zufügen.

Lehrer schimpfen, schreien, brüllen, mahnen, stellen zur Rede, prüfen, arbeiten mit Notendruck, lassen auswendig lernen, verhängen Strafarbeiten, drohen, diktieren, demütigen, tragen ins Klassenbuch ein, verteilen schlechte Verhaltensnoten, laden Eltern vor, blamieren, machen fertig. Was verheilt? Was bleibt? Man weiß es nicht genau. Nur manche Erinnerung daran bleibt ein Leben lang.

Und allen Plänen gegenüber begleitet mich die Frage:
»Was soll der Unsinn?« – Eine Frage,
die überhaupt ganz und gar von mir Besitz zu nehmen droht.
THEODOR FONTANE

9. Kapitel

Ein steiniger Weg: das Gymnasium

Warum nur sind Grundschullehrer so unbeirrbar der Meinung, sie könnten das eine nur tun, wenn sie das andere lassen? Es ist ja wunderbar, wie da jede Klopperei im Klassenrat verhackstückt wird, jedem kleinen Rummelboxer auf dem Schulhof nicht mehr der Hintern versohlt wird, sondern die Androhung, im Klassenrat besprochen zu werden, die Faust in der Tasche ballen lässt, anstatt sie dem Nächstbesten ins Gesicht zu dreschen. Und es ist sicher wichtig, dass die kleinen Muttersprachler nicht hässliche Dinge über die kleinen Zweitsprachler sagen, weil die sich sonst in ihrem Eifer, die Muttersprache der anderen sprechen zu lernen, gebremst sehen könnten. Sogar die strenge Überwachung der Frühstücksgewohnheiten bei konsequenter Ächtung von Milchschnitte, Fruchtzwerg und Konsorten ist ein ehrenwertes Anliegen. Aber warum setzen Grundschullehrer ihren Ehrgeiz nicht auch wenigstens ein bisschen daran, die Kinder so zu fördern, dass sie beim Übergang in die Oberschule nicht total hintenüberkippen?

Eltern geben ihr Bestes – und besuchen gleich zu Beginn

des dramatischen Jahres, in dem der Schulwechsel vonstattengehen soll, wochenlang Tage der offenen Türen in den weiterführenden Schulen, die möglicherweise in Frage kommen, inspizieren die Schulklos, mustern die marode Bausubstanz und surfen nächtelang über die Homepages, die heute jede Schule hat, die etwas auf sich hält. Sie legen Ordner an, um all die Infoblätter, Ausdrucke und Notizen zu sortieren und die Schulprofile vergleichen zu können. Sie vermessen die Schulwege auf dem Stadtplan. Sie wandern durch Schulflure und fragen sich insgeheim, wie sie um Gottes willen herausfinden sollen, ob das die richtige Schule für ihr Kind ist. Dann lauschen sie den Vorträgen der Direktoren und machen sich eifrig Notizen. Abends werden stundenlange Telefonate mit anderen Müttern geführt, in denen die heißesten Tipps gehandelt werden: In der einen Schule haben sie eine Frau als Direktorin, das schafft doch gleich eine ganz andere Atmosphäre. Leider ist die Schule total überlaufen, sag mal, kennst du nicht einen Anwalt, der einen da einklagen kann? In der nächsten haben sie beim Abi eine Durchfallquote von nur 11,36976 Prozent, dafür fliegt nach dem Probehalbjahr in der Siebten ein Drittel der Schüler wieder raus. Dafür sehen die Lehrer ganz nett aus, und manche sind sogar deutlich jünger als hundert. Hier bieten sie Japanisch ab der Neunten an, dort Französisch ab der Siebten, und was ist überhaupt mit Latein? Ausländerquoten werden gehandelt wie Börsenkurse, Stundenpläne verglichen wie Wettquoten. Umgetrieben von der bangen Gewissheit, dass von der Wahl der richtigen Schule nicht mehr oder weniger als die Zukunft der Kinder abhängt, drehen Mütter und Väter schier durch: Die falsche Schule – und das Kind ist entweder total überfordert oder langweilt sich zu Tode. Ein launischer, ungerechter Lehrer – und die Motivation ist zum Teufel. Sitzenbleiber, Kiffer, Schläger in der Klasse – und der beste aller Söhne wird zum widerborstigen Halbstarken mit starken Schulvermeidungstendenzen.

Kaum einem Kind gelingt es, den Notendurchschnitt der sechsten Klasse in der siebten zu halten. Lehrer hüben wie drüben der Demarkationslinie zwischen Grundschule und Gymnasium nehmen das wie ein unausweichliches Naturereignis hin. Fünft- oder Siebtklässler an weiterführenden Schulen, die durchweg Zweien oder Dreien schreiben, sind so selten wie Primeln im Januar.

Die Grundschulen haben inzwischen einen eleganten Dreh gefunden, sich aus dieser Misere herauszuwinden. Es ist ein offenes Geheimnis, warum sich die Noten in der sechsten Klasse so wundersam verbessern – kurz bevor die großen Kinder auf die nächste Schule gehen, packen ihnen die Lehrer noch ein Schmankerl ins Zeugnis, das ihnen das böse Erwachen versüßen soll. In Johannes' Klasse beispielsweise fiel das letzte Diktat vor dem Übergang ins Gymnasium furchtbar schlecht aus; zwei Drittel der Klasse bewegten sich deutlich jenseits der Vier. Dann ließ die Deutschlehrerin das ganze Ding unverändert einfach noch einmal schreiben. Und, wer sagt's denn? Geht doch: Nur noch zwei Fünfen, vier Vieren, und der ganze Rest der Klasse bewegte sich im grünen Bereich zwischen Dreiern, Zweiern und Einsern. Das hob die Abschlussnoten der 6c dann ungemein – ein weiterer kleiner papierner Beleg, dass es den Lehrern dieser Schule doch gelingt, den Kindern etwas beizubringen.

Als Johannes es dann nach den Sommerferien im Gymnasium mit dem Rätsel der rationalen Zahlen zu tun bekam, half ihm sein Grundschulwissen nicht mehr viel. Auch auf Fragen nach Finessen der deutschen Grammatik wie »Was ist ein Substantiv?« blieb er jegliche brauchbare Antwort schuldig, und der Behauptung seines Englischlehrers, dass man eine Fremdsprache nur lernen könne, wenn man Wege findet, sich die Vokabeln anzueignen, brachte er nicht mehr als ungläubiges Erstaunen entgegen. Dann musste er sich, genau wie seine Klassenkameraden auch, Tag für Tag von seinen Lehrern anhören, dass er eben im Gymnasium nichts verloren habe. Und wir Eltern bezogen vom ersten Elternabend an Erziehungsschelte: »Gewöhnen Sie Ihre Kinder daran, den Aufforderungen des Lehrers zu folgen, die Hausaufgaben zu erledigen und sich anständig zu benehmen. Die Klasse ist unruhig. Vergessen Sie das selbständige Arbeiten, das kann keines Ihrer Kinder. Sie müssen lernen zu tun, was man ihnen aufträgt. Davon sind wir heute noch weit entfernt: Keine Anweisung wird befolgt, keine Textaufgabe verstanden, und die Rechtschreibung ist bei den allermeisten …«, warf sich der Studienrat Hohlhagen in die Brust. Den Rest des Satzes spuckte der neue Klassenlehrer förmlich in Richtung seiner Zuhörer: »Ha, Grundschulniveau eben. Da müssen Sie dringend etwas tun.«

Johannes hat damals schnell klein beigegeben. Er zog sich nach der Schule in sein Zimmer zurück, verrammelte die Tür und sprach kein Wort mehr. »Ich bin eben schlecht«, hat er sich darauf angewöhnt zu denken und diesen Refrain bei jedem neuerlichen Tiefschlag gesungen. Während es mir zufiel, ihn zu bestärken, auf Knien anzuflehen, es doch noch einmal zu versuchen, gebetsmühlenartig zu wiederholen, dass kein Kind schlecht ist, wenn es mal eine schlechte Note schreibt, und jeder in irgendwas gut ist, wenn man genau hinguckt.

Immer nur offen ist auch nicht ganz dicht

Die Selbständigkeit und Selbsttätigkeit des Schülers in den Mittelpunkt der pädagogischen Bemühungen gerückt zu haben gehört zweifellos zu den bedeutungsvollsten Errungenschaften des Zeitgeistes, der seit den siebziger Jahren in den Schulen weht. Die Parolen klingen ja auch wirklich gut. Der Singsang einer künftigen ganz anderen Schule, die ihre Berechtigung von einigen Schulversuchen her gewinnt, liefert vielleicht den Stoff, aus dem die Träume sind, hat aber immer weniger Wirkung auf die Verhältnisse, unter denen Millionen Kinder, Jugendliche und Lehrer leben und arbeiten müssen. Dabei ist der zivilisatorische Fortschritt in den Grundschulen, den Einrichtungen wie der Stuhlkreis, die Freiarbeit und der Wochenplan in die vormals vermieften Klassenzimmer gebracht haben, gar nicht hoch genug zu loben. Am Gymnasium verflüchtigt sich der beflügelnde Duft des Neuen jedoch abrupt. Vielleicht ist das die schlimmste Erkenntnis, die Eltern frischgebackener Gymnasiasten völlig unvorbereitet und mit der Wucht eines Tornados trifft: Hier ist es noch genauso schlimm wie damals in der eigenen Schule.

Doch für die Kinder kommt es noch dicker: Gehätschelt und getätschelt durch die Grundschule treten sie an ihrem neuen Arbeitsplatz vielleicht noch ganz guter Dinge an –

zum Sprung ins kalte Wasser. Plötzlich interessiert sich keiner mehr für ihre glorreichen Versuche, eine Rechenaufgabe zu lösen, sondern schreibt eiskalt eine Fünf oder Sechs darunter. Stuhlkreise, in denen man aufwühlende Ereignisse loswerden konnte, sind genauso passé wie sorgsam angeleitete Klassenräte, in denen Konflikte emsig und so lange besprochen werden, bis sie verschwunden sind. Es wird viel weniger gefeiert als in der Grundschule, und das hat ja auch sein Gutes: Marmorkuchenlieferungen werden obsolet.

Die Klassenzimmer sind heruntergekommene Buden, in denen der Putz blättert, und nirgends steht das kleinste Blümchen. Die Lehrer entpuppen sich als unberechenbare Mächte, denen außer ermutigenden Worten ungefähr alles entfährt, was ein größer gewordenes Kind nicht gebrauchen kann. Also traut man sich nicht mehr nachzufragen, wenn man etwas nicht verstanden hat. Traut sich nicht mehr, den Mund aufzumachen, wenn man eine Meinung hat. Registriert, dass es den Lehrer überhaupt nicht interessiert, was man zu sagen hat.

Die sechzehnjährige Conni beschreibt ihr alltägliches Erleben so: Du sagst etwas. Die Lehrer verstehen es falsch. Dann widersprichst du. Dann ignorieren sie's. So in der Art: »Also du meinst das so.« – »Nein, ich meine das anders.« – »Das ist falsch.« Dann kommt ein müdes Lächeln, das dem Schüler sagt: Ich habe keine Lust mehr, mich damit auseinanderzusetzen. Conni hebt die Schultern: »Sie reagieren über. Dann werden sie gemein, wenn man ihnen mit Gründen widerspricht. Sofort fühlen sie sich in ihrer Ehre gekränkt, wenn man ihnen einmal widerspricht, und dann werden sie unglaublich fies.« – Alles wie gehabt also. In der Schule gibt's nichts Neues.

Die gute Idee von einst, über ein anderes Lernen in neuen Schulen eine bessere Gesellschaft herbeizupädagogisieren, hat sich einigermaßen totgelaufen. Ein paar wenige versprengte unbelehrbare Gesamtschulzausel mögen da noch weiter phantasieren über die Notwendigkeit, die Schule ganz weit dem Leben zu öffnen und die Grenzen zwischen beidem einzureißen. Herausgekommen ist dabei nicht mehr, als dass die Schulen und auch die Kinder zu Projektionsflächen von Träumen und Besessenheiten werden, mit denen sich die Älteren plagen.

Wenige Spurenelemente des Reformgedöns an der Grundschule setzen sich ja auch im Gymnasium noch fort wie die verpflichtenden Betriebspraktika, die von den Lehrern der zehnten Klassen angeleiert werden. Lehrer mögen diese Einrichtung und freuen sich darauf, schon weil sie, gleich nachdem sie die Schüler auf das Branchenbuch hingewiesen haben, in dem man Adressen von Betrieben findet, anfangen können, ihre Beziehungskiste daheim zu klären, ein Ayurveda-Wellness-Paket zu buchen oder endlich ihren Schrebergarten neu zu gestalten.

Dank des Siegeszuges des Offenen Unterrichts haben Druck und Drill ihren verdienten Platz auf dem Müllhaufen der Pädagogik gefunden, die unumschränkte Herrschaft der Steißbeintrommler scheint ein für alle Mal gebrochen. Stattdessen sind liebwarme Verhältnisse auf den heimlichen Lehrplan gerückt, die auch den ehemaligen Respektspersonen erlauben, sich umfassend gehen zu lassen.

*

Lehrer haben sich so vom Leistungsgedanken auf breiter Front verabschiedet, in der Grundschule sowieso, aber auch im Gymnasium geht der Plumpsack um. Leistung steht unter Generalverdacht: In der neunten Klasse eines Hamburger Gymnasiums wird angeboten, außerhalb des regulären Unterrichts das *Cambridge Certificate* für Englisch zu erwerben. Gedacht ist dieses Angebot eigentlich für die besten Englischschüler der Klasse, die so noch einmal besonders gefördert werden sollen. Dennoch gibt es Diskussionen in der Klasse um die Auswahlkriterien für die Kinder, die daran teilnehmen dürfen. Ein Junge schlägt vor, dass einfach diejenigen mitmachen sollen, die eine Eins in Englisch haben; die Lehrerin ist einverstanden. Dann stoppt die Direktorin das Ganze mit der Begründung, so würden die schlechteren Schüler benachteiligt, und verfügt, dass die freien Plätze in diesem Kurs per Los verteilt werden. Keiner der Einser-Kandidaten hat das Glück, einen Platz zu ergattern. Die Lehrerin ist enttäuscht, denn sie hatte sich auf die Arbeit mit hochmotivierten, leistungsfähigen Schülern gefreut. Und die Einser-Kandidaten sind sauer. Aber auch den schlechten Englisch-Schülern, die nun die Plätze belegen, geht's nicht gut, denn sie fühlen sich vom Kurstempo und Anspruch komplett überfordert.

Der Ton macht die Musik

Ist der Weg durch die Grundschule mit dummen Bemerkungen ihrer erwachsenen Protagonisten gepflastert, sattelt das Gymnasium mit seinen Akteuren dann noch eins drauf. Seinem geschundenen pädagogischen Ego hilft der Gymnasiallehrer mit rituellen Gemeinheiten wieder auf die Sprünge, vielleicht sogar vermehrt, seit ihm zuerst die Körperstrafen untersagt und dann später auch noch wesentliche Disziplinierungsinstrumente aus der Hand genommen wurden. Alles hängt, wie in der Leibeigenschaft, nur noch von ihrem Wohlwollen ab, denn der gemeine Gymnasiallehrer von heute versteht sich vor allem als Ausleser. Wer nicht mitkommt, hat Pech gehabt – und gehört einfach nicht aufs Gymnasium, wirft sich der Sachwalter von Lebenschancen selbstgerecht in Positur. Die Guten ins Töpfchen, die Schlechten ins Kröpfchen, das ist die heimliche Überzeugung, nach der sie ihren Luftkrieg im Klassenzimmer führen. All dieses geisttötende »Erkläre und interpretiere«, »Rechne, egal welche Aufgabe«, »Schlag das Buch auf und lies den dritten Absatz«, »Wiederhole, was ich gerade gesagt habe«, »Gib den Text mit eigenen Worten wieder« maskiert nur unvollständig ihre intellektuelle Versteinerung, die sie immer wieder nichts als dieselben Fragen stellen lässt.

Wer sollte den Lehrern auch beibringen, anders zu arbeiten, wenn sie selbst doch so überzeugt davon sind, dass sich vieles ändern muss, am wenigsten jedoch bei sich selbst. »Ihr seid zu faul«, »Du bist nicht dran«, »Sprich anständig«, »Das passt nicht hierher« sind die bekannten Vorläufer schärferer Geschosse, die unweigerlich detonieren, sobald es dem Lehrer passt.

»Du lügst doch, ohne rot zu werden«, habe Herr Steinbeiß heute zu ihr gesagt, kommt es kleinlaut von Pauline, und ihre Augen schimmern verdächtig. Die Rechtschreibregeln für Straßennamen hätten sie heute im Deutschunterricht durchgenommen, erzählt sie mir, und ihr Gesichtsausdruck verfinstert sich. »Was war denn los?«, frage ich in der gebotenen Beiläufigkeit, und da sprudelt's auch schon. Sie schluchzt einmal kurz auf, dann fließen die Tränen. Dem Gestammel entnehme ich dann, dass der Lehrer sie gefragt habe, wie man Lüneburger Straße schreibe, zusammen oder getrennt. Sie habe geantwortet, dass sie das nicht so genau wüsste und glaube, beides gehe. Daraufhin hat er ihr besagten Satz entgegengebrüllt.

Praktischerweise ist heute Abend Elternsprechtag. »Wehe, du sagst was«, hat sie mich noch angefleht, als ich gegangen bin. Ich habe versucht, sie zu beruhigen, und ja, auch versprochen, nichts darüber zu sagen. Auf dem Weg zur Schule allerdings denke ich, nein, verdammt noch mal, wenn nie jemand etwas sagt, dann ändert sich auch nie etwas. Und dieser Ton gefällt mir einfach nicht. Also frage ich den Herrn Deutschlehrer, warum er denkt, dass die angemessene Replik auf eine mittelschwere Unsicherheit in der richtigen Schreibung von Straßennamen der Vorwurf »Du lügst doch, ohne rot zu werden!« ist. Er geht sofort hoch wie eine Rakete. »Das ist gelogen. Das habe ich so nie gesagt.« Ich schweige, schaue ihn an und sage nichts. Da ruft er: »Und wenn überhaupt, dann habe ich das nur im Spaß gesagt.« Klar, wenn meine Tochter seinen Humor nicht versteht, ist sie doch selbst schuld. Sie fühlte sich bloßgestellt, hat sie mir erzählt. Denn sie ist prompt rot geworden und – »dann sieht das doch so aus, als hätte ich wirklich gelogen«, kam es kleinlaut hinterher. Doch davon will der Herr, der mir gegenübersitzt, überhaupt nichts wissen. »Quatsch!«, faucht er nur.

Angriff ist auch des Lehrers beste Verteidigung. Deshalb legt er jetzt gleich los mit einer wenig schmeichelhaften Beschreibung des Verhaltens seiner Deutschschüler. »Unter aller Sau, pardon, ist das Niveau der Klasse. Die meisten bringen nicht einen einzigen geraden Satz heraus, sie stammeln herum, äh, ehm, also«, äfft er seine Schüler nach. »Die sitzen bloß da und sagen nichts, und ich bin für sie nur der Kasper. Sie beteiligen sich nicht am Unterricht und lassen mich da vorne rumhampeln.« Meinen Einwand, dass meine Tochter sich ja mit ihrer, wenn auch falschen Vermutung doch beteiligt habe, wischt er mit großer Geste vom Tisch. »Wissen Sie«, erfahre ich aus dem Mund von Mister Wichtig, »die Pubertät ist ein so schwieriges Alter, da kann man ja nur alles falsch machen.« Jetzt blinzelt er mir doch tatsächlich plump vertraulich zu. »Das wissen Sie selbst mit Ihren vier Kindern doch am besten«, setzt er in kumpelhaftem Ton hinzu. Ich geb's auf. »Danke für das Gespräch, Herr Steinbeiß, wirklich gut, dass wir mal darüber gesprochen haben.«

Als ich meiner Tochter am nächsten Morgen von diesem Gespräch berichte, schüttelt sie den Kopf. »Kannste vergessen. Hab ich dir doch gleich gesagt. Der kann Kinder einfach nicht leiden, der glaubt, wir wären alle doof. Und er sagt dauernd so was: Du lügst, ohne rot zu werden. Oder: Du Penner. Oder: Du bist doch komplett blöd! Sogar zu Sonja sagt er das, die immer Einsen schreibt.«

Lehrermund tut Wahrheit kund

Jetzt will ich's aber wirklich wissen. Meine beiden großen Kinder habe ich gebeten, nur mal so zum Spaß aufzuschreiben, was ihre Lehrer so von sich geben. Nach drei Wochen hatte sich ganz schön was angesammelt.

- Du bist doch zu doof, um eins und eins zusammenzuzählen.
- Pass auf und schwall nicht blöd rum
- Klappe halten, ich werde dafür bezahlt
- Faul wie die Sünde, aber intelligent
- Das interessiert mich nicht, du störst
- Ihr Brüder gebt doch nur Ruhe, wenn ihr etwas zu futtern bekommt
- Schriftlich ist ja wohl überhaupt nicht dein Ding, und mündlich haste nix drauf
- Willste mich verkackeiern
- Wenn ihr's könnt, was ich nicht glaube
- Gleich sctzt's was
- Ihr macht mich wahnsinnig
- Ich werd noch verrückt mit euch
- Ihr macht mich fertig
- Den ganzen Tag mit euch zusammen, das hält doch keine Sau aus
- Das nächste Mal wirst du mich kennenlernen
- Ihr Schweine
- Wenn ich mal laut werde, müsst ihr euch nicht gleich in die Hose machen
- Gleich fängst du dir eine

- Ich erschlag gleich jemanden
- Ihr seid wohl bescheuert
- Mach so weiter, dann wirst du schon sehen, wo du landest
- Und so was geht aufs Gymnasium
- Meine Fresse! Ich fass es nicht, so viel Blödheit
- Sag mir, wann du Geburtstag hast, dann schenke ich dir 'nen Sack Heu
- Wenn du mal stirbst, muss man die Schnauze extra totschlagen
- Komm zu Potte, ich will hier nicht ewig sitzen
- Wehe, einer schreibt 'ne Fünf, der wird standrechtlich erschossen
- Du schreibst wie 'ne Wildsau
- Womit hab ich das verdient
- Bei euch ist doch Hopfen und Malz verloren
- Du hältst dich da raus
- Gleich fliegst du aus dem Fenster
- Deine Fünf hast du sicher, da kannst du machen, was du willst
- Aus was für einem Elternhaus kommt ihr eigentlich? Ihr seid doch in der Gosse aufgewachsen
- Ich kann dir auch 'ne lustige Sechs geben
- Kannst du nicht mal die Klappe halten und andere stören
- Pack deinen Fressbeutel weg, sonst kannst du was erleben

Reicht's schon? Oder darf es noch ein Viertelpfund mehr sein?

Eine Freundin, der ich die Sammlung zeige, lacht knapp und bitter auf. »Das ist doch noch gar nichts«, sagt sie. Ihr sechzehnjähriger Sohn, der ein Gymnasium mit durchaus gutem Ruf besucht, hat ihr vor kurzem dieses Erlebnis geschildert:

Ein paar Papiere haben auf dem Fußboden des Klassenzimmers gelegen, als die Lehrerin den Raum betritt. Sie sieht die Papiere auf dem Boden liegen und herrscht die Klasse an: Hebt das sofort auf! Sie habe niemanden direkt angesprochen, geschweige denn ein kleines höfliches »bitte« hinzugefügt. Kein Schüler rührt auch nur einen Finger. Sie läuft rot an und schreit: Sofort, habe ich gesagt! Aufheben, aber zack, zack!« Die Klasse spielt weiter Schüler-Mikado – wer sich zuerst bewegt, hat verloren. Daraufhin gerät sie außer sich und lässt eine Schimpfkanonade auf ihre Schüler los, die darin gipfelt: »Ihr seid das Allerletzte. Abschaum, der reinste Abschaum!«

Als die Elternvertreterin von diesem Vorfall erfährt, wendet sie sich an die Schulleiterin und verlangt im Namen der Schüler und ihrer Eltern, dass sich diese Lehrerin bei der Klasse für diesen Ausrutscher entschuldigt. Die Schulleiterin verhindert das – mit dem Argument, man könne diese Entblößung der Kollegin vor der ganzen Klasse nicht erwarten. Das sei eine Zumutung. »Und das habt ihr euch gefallen lassen?«, frage ich meine Freundin ungläubig. Sie verdreht die Augen. »Wir haben überlegt, uns an die Presse zu wenden. Das haben wir dann aber gelassen, schließlich haben wir ja alle ein Kind an dieser Schule.« Ja, da muss man natürlich vorsichtig sein.

Doch es kommt noch schlimmer. »Kannst du noch so eine Geschichte vertragen?«, fragt sie mich und klopft mir ermunternd auf die Schulter. »Das war in der Klasse meiner Tochter. Ein Lehrer sagte, Gott sei Dank nicht zu ihr, sondern zu einer anderen Schülerin: Du bist ja die Hübscheste in der Klasse. Deine Date-Liste ist bestimmt lang. Kann ich mich hinten eintragen?«

Ein paar Tage später hat derselbe Lehrer das Mädchen rausgeschmissen, nachdem seine Ermahnungen, das Getuschel mit der Sitznachbarin einzustellen, erfolglos geblieben sind. Nach zehn Minuten klopft es zaghaft an der Tür, das Mädchen steckt den Kopf herein und fragt: »Darf ich wieder rein?« Darauf der Lehrer: »Klar, wenn ich bei dir reindarf.«

Da hat es mir dann auch die Sprache verschlagen.

Grundschule und Gymnasium passen einfach nicht zusammen

Ja, der Lehrer hat's schon schwer. Wenn der Eindruck unerhörter Anstrengung, der Hauch von Vergeblichkeit all seiner Liebesmüh sich mit dem von ein wenig Lächerlichkeit verbindet, lässt das Gegenüber des Lehrers sich besser nichts anmerken, sondern badet die geschundene Lehrerseele in warm menschelndem Verständnis. Besonders viel davon braucht der Lehrer hüben und drüben des maroden Gelenks zwischen der Grundschule und dem Gymnasium. Alle müssen sie die Last der vielfältigen Erwartungen schleppen, mit denen ihr Amt von der Gesellschaft beschwert wird. Das bringt den Lehrer an sich in eine ausweglose Lage. In der Grundschule reüssiert er in einer beinahe unerträglichen Liebedienerei, die den Kindern ein Lernen ohne Anstrengung, Abwesenheit von Leistungsdruck und das Ersparen von Ungerechtigkeit verspricht. Wenn er die ihm zugedachten Erwartungen nicht erfüllt, gilt er als unfähig, vielleicht sogar als herzloser autoritärer Leistungsfanatiker. Erfüllt er aber die Erwartungen, zieht er sich den Vorwurf zu, das Leben des jungen Menschen zu belasten, harte Forderungen zu stellen, Autorität geltend zu machen und das lustbetonte Lernen des jungen Menschenkindes empfindlich zu stören.

Am Gymnasium dagegen kann sich der Lehrer besser vor den Schülern in Sicherheit bringen. Dazu muss er nur möglichst viel Stoff zwischen sich und seinen Schülern auftürmen und das ganze Geschehen mit ein paar pfeilspitzen Bemerkungen, ironischen Einlassungen und genau dosierter Verachtung würzen, die den Schülern zu verstehen gibt, dass mit ihm nicht gut Kirschen essen ist. Schon hat er seine Ruhe, weil keiner sich mehr traut, ihn anzusprechen. »Das lernst du doch nie!«, »Wie doof bist du eigentlich?« oder »Ungenügend – war ja auch nicht anders zu erwarten« sind probate Waffen im didaktischen Nahkampf. Für dann etwa noch aufkeimende Renitenzen wird zunächst die Pubertät verantwortlich gezielien, die nach gängiger Lehrermeinung vom zehnten bis zum neunzehnten Lebensjahr dauert, kurzerhand die Dosis Häme gesteigert, eine weitere Strafarbeit verhängt oder eben der Dienst nach Vorschrift abgerissen. In Sachen Pädagogik, bei weitgehender Abwesenheit entwicklungspsychologischer Kenntnisse und von lerntheoretischen Sachverhalten weitgehend ungetrübt, reicht dem Gymnasiallehrer ein Rezeptrepertoire, das sich von dem eines Feldwebels in der preußischen Armee des neunzehnten Jahrhunderts nicht groß unterscheidet.

Selbstredend hat er von seinen Schülern keine Ahnung.

Im Gymnasium wird die Monokultur gepflegt: Es gibt nur »die Schüler«, »die Klasse« und den Stoff; einzelne Menschen gibt es nicht. Die Lehrkraft steht vorne und versucht, portionsweise Wissen an die ganze Klasse weiterzureichen. Wenn das nicht funktioniert, jault der Lehrer auf, die Klasse sei zu groß, da könne er nicht jeden Einzelnen im Blick behalten. Komisch nur, dass anderswo auch in großen Klassen gelernt wird, und zwar nachgewiesenermaßen mehr als bei uns. Vielleicht hat das damit etwas zu tun, dass schlechte Lehrer auch in kleinen Klassen schlechten Unterricht machen? Und, obwohl es eine ganz kleine Klasse ist, es nicht schaffen, ihre Schüler als einzelne Persönlichkeiten wahrzunehmen?

Hey! Teacher! Leave us kids alone!
On and on it's just another brick in the wall…
PINK FLOYD

10. Kapitel

Wie wird man einen schlechten Lehrer wieder los?: der blaue Brief

Um's gleich zu sagen: Gar nicht. »Goldene Löffel geklaut zu haben reicht jedenfalls nicht«, kommentiert Herr Schievelbusch, der Klassenlehrer meiner Tochter, leichthin das unrühmliche Verhalten seines Kollegen. Er sagt das natürlich erst, nachdem er sich blitzschnell umgeschaut und vergewissert hat, ob auch niemand Unbefugtes in Hörweite steht. Dabei hat die Geschichte bei den Eltern, die hier auf dem Sommerfest der sechsten Klasse zusammenstehen, doch längst die Runde gemacht. Er räuspert sich, streckt den Rücken und hebt sein Glas. Der Prosecco perlt, die Sonne scheint, und es herrscht wieder Frieden im Land. »Den sind wir ja glücklicherweise jetzt losgeworden.«

Nun ja. Nach den Sommerferien wird dieser Lehrer an einer Hauptschule unterrichten, da kommt's ja eh nicht mehr drauf an. Meinem Vorschlag, ihn irgendwo im Schulamt Papiere sortieren und stempeln zu lassen, anstatt ihm wieder eine ganze Klasse voller lebendiger Kinder anzuvertrauen, hat der Schulrat »von Herzen gut verstanden«, allein er sah sich an die beamtenrechtlichen Vorgaben gehalten – und da war der

Lehrer-Loser eben nur ein minderschwerer Fall, »verglichen mit dem Durchschnitt, verstehen Sie mich nicht falsch«.

Es gibt noch viel schlimmere Lehrer, das habe ich verstanden. Und sie alle sitzen fest im Schulboot oder hocken bei voller Pension zu Hause, kosten den Steuerzahler stolze Summen, blockieren den Platz für bessere Lehrkräfte und sind insgesamt fein raus. Gut oder schlecht – wen interessiert das schon? Mit der Verbeamtung wechselt der Lehrer ein für alle Mal auf die sichere Seite. Rechenschaft ist er niemandem schuldig, und die Furcht, den Job zu verlieren, kennt er nur vom Hörensagen. Die Schule als Schutzraum für menschliche Versager – das ist die Kehrseite eines Schulsystems, das darauf angelegt ist, Personen anzuziehen, denen es in erster Linie auf Arbeitsplatzsicherheit ankommt.

Jenseits des geschützten Sozialbiotops fliegt raus, wer andauernd krankfeiert, die Arbeitszeit mit Privatangelegenheiten verbringt, schlechte Ergebnisse abliefert und mangelnden Arbeitseinsatz erkennen lässt. Entlassen wird, wer lügt, versagt, die geforderte Leistung verweigert oder sich sonstwie gegenüber Kollegen und Kunden aus der Verantwortung stiehlt. In der Schule jedoch ist alles anders: Hemmungslos verquasselt der Lehrer eine Unterrichtsstunde nach der anderen mit ausführlichen Erzählungen aus seinem Privatleben, verweigert Unterrichtsleistungen, für die er eigentlich bezahlt wird, und hält sich emotional an Kindern schadlos, die keine Chance haben, sich seinem Geschwafel zu entziehen. Schließlich sind sie per Gesetz dazu verdonnert, ruhig auf ihren Stühlen sitzen zu bleiben, bis der erlösende Dreiklang des Pausengongs das Signal zum Aufbruch ins wirkliche Leben gibt. Da wandelt sich die Schulpflicht vom Segen in einen Fluch.

Dass eine Krähe der anderen kein Auge aushackt, sagen wir den Halbgöttern in Weiß so gerne nach. Doch die Lehrerschaft schlägt die Ärzteschaft um Längen. Deren sprichwörtliche Schonung der Artgenossen weicht immerhin hier und da schon so weit auf, dass jedenfalls ausnahmsweise mal der ketzerische Gedanke zugelassen wird, dass auch ein Arzt mal einen Fehler machen könnte.

Ein Schulleiter dagegen denkt noch nicht einmal im Traum daran, einem unfähigen Kollegen an den Karren zu fahren. Warum auch? Es sind doch die nervigen Eltern, die dem Lehrer das Leben so schwermachen: Berufspapas, die mit machohaften Auftritten den Lehrer rituell demütigen, aggressiv auftreten und wegen einer vermeintlich ungerechten Zwei minus den Anwalt einschalten oder sich überhaupt nicht interessieren. Unterbeschäftigte Übermütter, die hysterisch ihren verzogenen Nachwuchs umflattern und alles besser wissen, weil sie beinahe einmal das erste Staatsexamen geschafft hätten, klimakterische Heulsusen, die das Ende der Kindheit ihres verhätschelten Kükens heraufdämmern sehen, sobald die erste Zensur verteilt wird, oder dauergewellte Unterschichtsmütter in Leggings, die noch nicht einmal ein Schulbrot für ihre missratenen Gören zustande bringen. Sie alle attackieren den Lehrer aus reiner Bosheit mit einer nicht enden wollenden Litanei aus gemeinen Vorwürfen. Alle zusammen echauffieren sich auf Elternabenden, mokieren sich untereinander über das Heer von Pfeifen, das man da auf ihre Kinder loslässt, und mischen sich in alles ein. Sogar in Schulangelegenheiten! Berechtigte Einwände gegen das

Unterrichtsgeschehen, das weiß doch jeder Lehrer, gibt es ja praktisch gar nicht, schon gar nicht von schulfremden Personen, mit denen sie vor allem die Eltern meinen. Deshalb mauert der Schulleiter, sobald irgendein dahergelaufener Erziehungsberechtigter den Mund aufmacht. Der Schulrat als unmittelbar Vorgesetzter hält's genauso, schließlich war er früher selbst einmal Lehrer und weiß von damals noch ganz genau, wie unerträglich das ist, ständig den bizarren Aktivitäten von Eltern ausgesetzt zu sein.

Statt tatkräftigem Qualitätsmanagement, mit dem anderswo Vertriebsleiter, Manager und Personalchefs brillieren, herrscht in der Schule eine eherne Wagenburgmentalität. Sie stellt sich Eltern, die etwa den Unterrichtsstil eines Lehrers kritisieren und auf gewisse Nachbesserungen drängen, unüberwindlich in den Weg und lässt alle Versuche, einen offensichtlich unfähigen Lehrer von den Kindern fernzuhalten, frühzeitig versanden. Lehrer sind Weltmeister im Abwimmeln. In der blickdichten Käseglocke, unter der ein Lehrerkollegium agiert und mit der Schulbehörde mauschelt, haben Eltern keinen Zutritt – es hilft nichts: einem unfähigen und unwilligen Lehrer ist einfach nicht beizukommen.

Herr Trinkaus hat gesagt …

Mit einer hingeworfenen Bemerkung meiner Tochter fing das auch dieses Mal wieder an. »Herr Trinkaus hat gesagt, Babys sind doch nur Fressmaschinen.« Da habe ich natürlich nachgefragt. »Doch, das hat er gesagt«, beharrt sie und ergänzt, »der spinnt doch total.« Finde ich auch, aber noch bin ich in gewohnt friedfertiger Stimmung bereit, das Ganze für einen Ausrutscher zu halten. Beim nächsten Elternstammtisch nimmt die Sache Formen an. »Meiner Tochter hat er ihr Tagebuch weggenommen und hat dann daraus vorgelesen.« – »Meinen Sohn hat er gestern aus der Klasse geworfen. Und als der nach dem Grund gefragt hat, hat er ihm nur gesagt, er soll die Klappe halten und verschwinden.« – »Meine Tochter hat ihn jetzt schon viermal gefragt, ob und wann er die Regeln der Kommasetzung erklärt. Er hat es immer wieder versprochen, aber nie eingehalten. Er hat sie immer wieder vertröstet. Dann hat er gemeint, dazu müsste er noch Material suchen. Außerdem hat er gesagt, dass Kommasetzung heute nicht mehr so wichtig ist.« Die Mutter des Mädchens holt tief Luft. »Sagt mal, sollten wir diesem Thema nicht mal nachgehen?« – »Ach lass doch«, winkt eine andere Mutter müde ab, »noch vier Wochen, dann sind Sommerferien. Danach ist er sowieso weg, und für unsere Kinder ist es doch ganz schön, wenn er nur Einsen und Zweien gibt«, meint sie und schaut bedeutungsvoll in die Runde, »ich hab außerdem gehört, dass er Konrektor an einer anderen Grundschule werden soll.«

Manche Eltern rollen mit den Augen – »Ausgerechnet der« und »Hauptsache, wir sind ihn los«, tönt es durcheinander. »Na toll«, lässt sich eine Mutter vernehmen, »wir sind ihn los und dann? Dann wird er auf die nächste Klasse losgelassen. Der hat doch schon in seiner letzten Schule total versagt. Da sind sie froh, dass er an unsere Schule versetzt wurde.« Diese Information hat sie von der Bank auf dem Spielplatz mitgebracht, da, wo die Mütter sitzen und ihren jüngeren Kindern zuliebe viele Nachmittage verbringen.

Wer etwas über einen Lehrer in Erfahrung bringen möchte, kommt an den Müttern auf dem Spielplatz praktisch gar nicht vorbei.

In kürzester Zeit haben wir die Legende von Herrn Trinkaus erhellt. Scheint ein echt schräger Vogel zu sein, der da jetzt vertretungshalber auf unsere Kinder losgelassen wird. Besonders ärgerlich finden wir, dass es sich um die letzten vier Monate des letzten Grundschuljahres handelt – eine ohnehin schon etwas kritische Zeit, in der viel gebangt wird um die Gymnasialempfehlung, die sich die allermeisten Eltern in dieser Klasse für die Kinder erhoffen. Mehr noch als der Wisch, auf dem das Kind seine weiterführende Bildungsfähigkeit bescheinigt bekommt, treibt uns alle die Frage um, ob die Kinder gut vorbereitet sind auf diese nächste Etappe ihres schulischen Hindernisparcours. Die Lehrer haben die Stimmung zusätzlich angeheizt und haben mit ihren unheilschwangeren Drohungen à la »Du willst doch nicht etwa aufs Gymnasium? Hm. Da sehe ich aber schwarz« beträchtliche Unruhe bei den Kindern gestiftet.

Unsere Kinder schienen anfangs auf der sicheren Seite – jedenfalls solange sie sich in der Obhut ihrer Klassenlehrerin, Frau Bäuerle, einer stämmigen Schwäbin mit soliden Ansichten über das Leben, die dem Leistungsgedanken jedenfalls nicht abgeneigt schien, mit den Tücken der deutschen Sprache herumgeschlagen haben. Dann geriet Frau Bäuerle in gute Hoffnung, verabschiedete sich standesgemäß alsbald in den Mutterschaftsurlaub und versprach hoch und heilig, in etwa einem Jahr mit dem Baby mal wieder vorbeizukommen. Dass ihre sechste Klasse dann längst in alle Winde zerstreut sein würde, hatte sie in der Aufregung, mit der sie diesen gewaltigen Trost aus dem Ärmel schüttelte, einfach vergessen.

Ihre Nachfolgerin, Frau Müller-Schnackenberg, nutzte bereits die erste Stunde, um den Kindern umfassend darzulegen, dass sie keineswegs freiwillig die Klasse übernommen habe, sondern eine kaltherzige, rücksichtslose und an ihrer Person weitgehend uninteressierte Schulbürokratie sie in dieses Klassenzimmer verschlagen habe und sie dazu zwinge, sich jetzt hier mit ihnen abzugeben. Alsdann warnte sie die Kinder: Ihren schönen Doppelnamen habe man immer komplett auszusprechen und stets korrekt zu schreiben. Fehler in dieser Hinsicht werde sie nicht durchgehen lassen und unnachsichtig bestrafen. Die Kinder nahmen es achselzuckend und übten still am Nachmittag die komplizierte Anrede vor sich hin.

An den folgenden Tagen stimmte Frau Müller-Schnackenberg immer wieder ein Klagelied an, in dem der Umstand ihrer Zwangsversetzung und der ihr zu Herzen gehende Verlust ihrer dritten Klasse an der alten Schule eine wesentliche Rolle spielten. Ungeschminkt verglich sie offenbar munter drauflos: »Die alte Klasse war viel lieber als ihr.« – »Das hätten meine Kinder niemals mit mir gemacht.« – »So freche und faule Schüler, wie ihr es seid, habe ich noch nie gehabt.« Auch mochte sie den Kindern nicht verschweigen, dass sie alles daransetzen werde, diese Schule möglichst schnell wieder verlassen zu können. Vielleicht Richtung Oldenburg, denn da wohne ihr Freund, der auch Lehrer sei, und zwar an einer total tollen Schule, wo es eine wahre Freude sei, die dortigen Kinder zu unterrichten.

Nach vier Wochen schien ihr dieser Coup gelungen zu

sein. Aus Gründen, über die selbst der Elternvertreter nur spekulieren konnte, weil auch er trotz regem Konferenzbesuch und emsiger Gremienarbeit nichts von diesem nun neuerlich bevorstehenden Lehrerwechsel erfuhr, übersiedelte die Dame nach einem kurzen, geradezu unanständig erleichtert klingenden Abschiedswort nach Oldenburg. Die folgenden Deutschstunden dienten der Selbstbeschäftigung unter Aufsicht einer nur mäßig inspirierten Religionslehrerin, die sich offenbar hatte breitschlagen lassen. Gut eine Woche danach trat Herr Trinkaus vor die Klasse.

Sein soeben zu Ende gegangener Skiurlaub füllte die Deutschstunden der ersten Woche. Die Kinder erfuhren so manches: Wie er sich beim Skifahren so fühlte, was er bei seinem ersten Zahnarztbesuch so erlebt hat, wie süß sein Kind sei und mit welchen putzigen Verhaltensweisen es ihn und seine neue Lebensgefährtin tagtäglich erfreue, dass er früher einmal Grafiker gewesen sei. Ein Blick in den Deutschhefter bestätigte völlig unproblematisch, dass tatsächlich kaum nennenswerter Unterricht stattgefunden hatte.

An einem Montag hat Herr Trinkaus wohl wirklich schlechte Laune gehabt, wie er den Kindern erklärte. Der Grund: er habe das ganze Wochenende damit verbracht, im Internet nach Unterrichtsmaterial zu suchen. Die Früchte seiner beflissenen Recherche, *Übungsblätter für Analphabeten,* hat er dann verteilt mit der Anweisung, die Blätter nicht mit nach Hause zu nehmen und dort etwa vorzuzeigen. Als dann auch noch die Mutter eines Jungen erfuhr, dass Herr Trinkaus handgreiflich geworden sei und einen Mitschüler mit Gewalt auf den Stuhl gedrückt habe, war der Bock fett.

Ein klärendes Gespräch

Zu zweit sprachen wir bei der Direktorin, Frau Oberstudienrätin Sonnenstich, vor, die augenblicklich ganz furchtbar bekümmert aus der Wäsche guckte und uns ihr tief empfundenes Mitgefühl versicherte. Dann ließ sie durchblicken, dass auch ihr der Kollege nicht unbedingt der liebste sei, und wiegte bedächtig den Kopf hin und her. Setzte die Halbrandbrille auf und setzte sie wieder ab. So schlimm habe sie es sich gar nicht vorgestellt, und das sei jetzt ein ernster Fall, befand sie. Meine Frage, ob denn aus seiner Akte zweifelsfrei erkannt werden könne, dass dieser Herr tatsächlich ein richtiger Lehrer sei, entlockte Frau Sonnenstich prompt ein schelmisches Lächeln. »Na, Sie sind mir ja eine. Wir sind an unserer Schule doch alle richtige Lehrer«, drohte sie charmant. Dazu wollte ich jetzt erst einmal nichts sagen.

Dann allerdings wurde sie ganz ernst. Sie müsse uns leider auch sagen, dass man im Schulamt nicht so ganz grün mit ihr sei und sie uns demzufolge kaum unterstützen könne. Mit ein paar vagen Andeutungen über die guten Kontakte des Herrn Trinkaus nach ganz oben, die sie auch nicht zur Gänze überblicke, wollte sie uns beinahe schon entlassen. Jaja, sie würde ein Gespräch mit dem Kollegen führen. Habe sie im Übrigen auch schon. Würde sie jetzt noch einmal tun. Große Unterstützung für unser Anliegen jedoch könne sie uns nicht versprechen. Doch, doch, einen Brief zu schreiben, das könne sie uns schon anheimstellen. Wir sollten unser Glück beim zuständigen Schulrat doch einfach mal versuchen. Das haben wir dann frisch von der Leber weg gewagt.

Der Brief nach oben

»Sehr geehrter Herr Leisetreter,
unsere Kinder besuchen die Klasse 6c der Lilienweiß-Grundschule. Seit Ostern unterrichtet dort Herr Trinkaus in Vertretung der Deutschlehrerin Frau Bäuerle, die sich im Mutterschaftsurlaub befindet, die Kinder in den Fächern Deutsch und Geschichte, Erdkunde und Biologie.
Vom ersten Tag an kam es in dieser Unterrichtssituation zu unschönen Vorfällen, die sich allerdings im Laufe der Wochen zu nicht länger hinnehmbarem Fehlverhalten dieses Lehrers gesteigert haben, so dass wir, einige Eltern der Kinder in der Klasse 6c, uns heute mit der Bitte an Sie wenden, diese Entwicklung zur Kenntnis zu nehmen, zu prüfen und gegebenenfalls angemessene Maßnahmen zu ergreifen. Wir sehen uns zu diesem Schritt veranlasst, weil zum einen verschiedene Gespräche mit Herrn Trinkaus selbst nichts gefruchtet haben und zum anderen der Austausch mehrerer Eltern über diese Vorfälle bei einem Treffen zu Anfang dieser Woche erst das ganze Ausmaß der Situation beleuchtet hat.
Die Kinder selbst bewahrten über diese Dinge weitgehend Stillschweigen, das zwar für Zwölfjährige nicht weiter verwunderlich ist, allerdings auch direkt auf die Atmosphäre hinweist, die Herr Trinkaus in dieser Klasse geschaffen hat. Denn er hat den Kindern mehrmals nahegelegt, bestimmte Vorfälle nicht dem Klassenlehrer, Herrn Schievelbusch, oder auch den Eltern weiterzusagen.
Nur hin und wieder berichteten unsere Kinder zu Hause also einzelne Episoden aus dem Unterricht. Ein Gespräch mit der Schulleiterin, Frau Sonnenstich, das wir in der ver-

gangenen Woche in dieser Sache geführt haben, löste zwar höchste Betroffenheit bei Frau Sonnenstich aus, endete aber auch mit ihrem Hinweis auf ihre begrenzte Zuständigkeit in diesem Fall, so dass es nunmehr geboten ist, dass wir uns mit diesem Anliegen an Sie persönlich wenden.

Der Deutschunterricht von Herrn Trinkaus begann bereits nach den Osterferien mit einem Eklat. Herr Trinkaus kündigte der Klasse ein Diktat an – und verriet einige Tage vorher den Text, so dass diese Kinder in den Genuss des erheblichen, wenn auch zweifelhaften Vorteils kamen, eine ungewohnt gute Note geschrieben zu haben. Diese Praxis hat er fortgesetzt; im letzten Bio-Test ging er von Tisch zu Tisch und wies die Kinder auf Fehler hin, die sie schnell zu korrigieren hätten.

Das jüngste Diktat ließ er drei Tage, bevor er es schreiben lassen wollte, absichtlich auf dem Pult liegen, damit die Kinder schon einmal Einblick nehmen konnten. Über diese Angelegenheit gab es einen Streit mit der zufällig anwesenden Kollegin, Frau Fröhlich-Süderbaum, die ihn energisch darauf hinwies, dass er ›so etwas doch nicht tun könne‹.

Das Verraten von Texten für bevorstehende Klassenarbeiten wäre ja vielleicht mit zwei zugedrückten Augen noch zu entschuldigen, aber Herr Trinkaus hat bereits beim ersten Diktat den Kindern nahegelegt, sein Vorgehen nicht dem Klassenlehrer weiterzuberichten.

Wir sind darüber empört, dass Herr Trinkaus es wagt, die Kinder in einen derartigen Loyalitätskonflikt zu stürzen, indem er ihnen nahelegt, über sein Verhalten zu schweigen – und zwar gegen ihr eigenes Unrechtsempfinden, das sie übrigens durchaus geäußert haben.

Seine pädagogische Eignung für die verantwortungsvolle Auf-

gabe als Lehrer mag eine andere Anekdote beleuchten, die hier kurz angerissen sein soll. Als die Kinder in der Pause im Klassenzimmer bleiben durften, um zu lesen oder sich anderweitig zu entspannen, nahm er einem Mädchen das Buch aus der Hand. Es handelte sich um einen Roman für heranwachsende Mädchen, in dem es um Herzklopfen, erste Küsse und Liebesgeschichten ging. Sie bat ihn flehentlich, das Buch nicht zu zeigen. Er hingegen hielt es hoch und las ein paar Sätze daraus vor, die von den Jungen der Klasse mit dem alterstypischen brüllenden Gelächter quittiert wurden. Kann man sich aus Sicht eines zwölfjährigen Mädchens eine größere noch verstörendere Peinlichkeit vorstellen?

Im Laufe der Zeit hat sich das Unterrichtsklima in der Klasse dramatisch verschlechtert, denn das Kalkül von Herrn Trinkaus ist nicht aufgegangen. Nicht nur, dass er nicht gemocht wird, auch der Unterricht im eigentlichen Sinne findet nicht statt.

Inzwischen ist er dazu übergegangen, die Kinder nur noch anzuschreien und ihnen sogar zu verbieten, sich zu melden. Wieder und wieder trägt er vor, dass er ›drei Kreuze mache, wenn er diese Klasse hinter sich hat‹, ›die Tage zählt, bis er von dieser Schule verschwinden kann‹. Und so weiter. Beinahe täglich wirft er Schüler oder Schülerinnen hinaus. Kinder, die dann einwenden, dass der oder die doch gar nichts gemacht habe, werden mit: ›Und du halt jetzt die Klappe!‹ oder ›Halt's Maul‹ beschieden. Darüber hinaus wird er sogar handgreiflich. Mehrere Schüler berichten, von Herrn Trinkaus mit aller Kraft auf den Stuhl gedrückt worden zu sein.

Man hört, dass Herr Trinkaus nach den großen Ferien die Leitung der Rosarot-Grundschule anvertraut werden soll. Uns

beunruhigt die Vorstellung, dass anderen Kindern nun dasselbe blüht wie unseren, die das Ganze ja mit dem letzten Schultag hinter sich gebracht haben werden. Doch Herr Trinkaus hat mit seinem Versagen nicht nur unseren Kindern geschadet, indem er eine hochmotivierte leistungsfähige Klasse völlig durcheinandergebracht hat und mit einer recht zwielichtigen Leistungsmoral konfrontiert hat. Er fügte auch seinen Kollegen Schaden zu. Bis zu den Sommerferien scheint er nunmehr nicht wohl zu sein und wird wohl keinen Unterricht mehr halten. Das bedeutet für die Schulleitung einen enormen Organisationsbedarf und für den Klassenlehrer einen erheblichen zusätzlichen Aufwand, denn er wird in puncto Rechtschreibung und Zeichensetzung eine Art Notprogramm auflegen, um den entstandenen Schaden für die Kinder möglichst zu begrenzen. Schließlich haben die Kinder seit März keinen Deutschunterricht gehabt, der diese Bezeichnung verdient hätte, und die Folgen werden sie im kommenden Schuljahr zu spüren bekommen, wenn es ein Probehalbjahr zu bestehen gilt.
Wir möchten Sie bitten, sich mit diesem Vorgang schnellstmöglich zu befassen und mit der gebotenen Konsequenz zu reagieren.
Ich erwarte Ihren Rückruf bis zum Ende der Woche.

Mit freundlichen Grüßen
Lotte Kühn und die Eltern der 6c«

Angerufen hat Schulrat Herbert Leisetreter dann tatsächlich am nächsten Tag und seine Betroffenheit wortreich zum Ausdruck gebracht. Ein Gespräch mit der Schulleiterin und dem Kollegen werde er führen, in dem der sich dann zu den Vorwürfen zu äußern habe. Bis dahin möge ich bitte akzeptieren, dass weitergehende Schritte nicht einzuleiten seien. Ein Versuch, mit dieser Geschichte gar an die Öffentlichkeit zu treten, erscheine ihm nicht ratsam. Denn zuerst müsse jetzt der behördeninterne Weg gegangen werden. Auf meine Frage, was man eigentlich tun könne, um einen offenbar ungeeigneten Lehrer loszuwerden und dauerhaft zu verhindern, dass einer wie Herr Trinkaus mit Kindern zu tun habe, blieb es einen Moment still. Dann lachte er kurz auf und sagte, das jedenfalls reiche nicht. »Da muss schon mehr passieren!« Was denn zum Beispiel? »Einen Beamten aus dem Dienst zu entfernen ist in Deutschland beinahe unmöglich. Da muss er schon einer Schülerin die Unterhose runterziehen.«

Da haben wir wohl noch einmal richtiges Glück gehabt, soll ich jetzt wohl denken. Doch, das könnte man so formulieren, räumt der Schulrat ein. »Ihre Kinder sind noch einmal mit einem blauen Auge davongekommen.« Meine Sorge um die nächsten Kinder, denen dieselbe Behandlung jetzt bevorsteht, kann er gar nicht richtig verstehen. »Für Ihr Kind und die Klasse ist das jetzt doch vorbei, die gehen doch jetzt alle auf die weiterführende Schule.« Er jedenfalls werde diesen Vorgang jetzt prüfen und sich dann abschließend wieder bei mir melden.

Wird's jetzt persönlich?

Kaum habe ich aufgelegt, ruft Herr Trinkaus an. »Wollen Sie mich fertigmachen?«, ruft er aufgeregt ins Telefon. »Das ist doch etwas Persönliches, was Sie gegen mich haben!« Wieder und wieder erkläre ich ihm, dass es sich keineswegs um eine persönlich gemeinte Intrige handele, sondern ich auf diese Vorkommnisse aufmerksam machen möchte, weil ich der Meinung bin, dass es sich schlicht nicht gehört, mit Kindern in dieser Weise umzuspringen. Zuerst sagt er, dass alle diese unsäglichen Beschuldigungen aus der Luft gegriffen seien und er seinen Unterricht sehr engagiert betrieben habe. Ich erinnere ihn an die Aussagen der Kinder, da entfährt ihm: »Ach, so ein Quatsch. Die lügen doch alle.« Wie das? Rund dreißig Kinder, die erstaunlich übereinstimmend von Dingen berichten, die er sich zuzuschreiben hat? Liegt die Verantwortung für die Kommunikation nicht stets beim Kommunikator? Da bricht er ein. Mit kleinem Stimmchen fragt er: »Was wollen Sie denn bloß von mir? Wären Sie zufrieden, wenn ich eine Supervision mache? Also, ich kenne da eine ältere Kollegin«, wird er plötzlich ganz emsig, »die könnte ich bitten, mal in meinen Unterricht zu kommen.« Mir wird's langsam zu blöd. »Ich möchte, dass Sie nicht mehr mit Kindern arbeiten«, sage ich ihm. Da legt er auf.

Der Brief nach unten

Geschrieben hat ihn der Schulrat, schon zwei Wochen später.

»Sehr geehrte Frau Kühn,
Ihr Schreiben hat mich, wenn alle Vorwürfe zutreffen, erschüttert und sehr nachdenklich gemacht. Dieses habe ich Ihnen bereits im Telefonat vom 31. Mai 2003 übermittelt. Nachdem nun ein gemeinsames Gespräch mit der Schulleiterin, Frau Sonnenstich, und weitere einzelne mit Herrn Trinkaus stattgefunden haben, lässt sich folgender Erkenntnisstand formulieren.
Herr Trinkaus ist für den zweiten Ausfall einer Lehrkraft in dieser Klasse zu einem sehr ungünstigen Zeitpunkt eingesprungen.
Herr Trinkaus sollte für die ihn im Schuljahr 2003/4 wartende Tätigkeit sehr viele Impulse aus der Lilienweiß-Grundschule mitnehmen.
Herr Trinkaus hat sich nicht in die Teamstruktur fügen können.
Herr Trinkaus hat den Schülern gegenüber Verhaltensweisen gezeigt, die nicht dem üblichen Verhalten von Lehrern an der Lilienweiß-Grundschule entsprachen.
Herr Trinkaus hat für sich in dem Prozess der Auseinandersetzung mit den beschriebenen Problemen selbst erkannt, dass eine Tätigkeit in einer Grundschule nicht seinen Fähigkeiten entspricht.
Herr Trinkaus überblickt in seiner Verteidigungshaltung zurzeit nicht die Tragweite seines befremdlichen Handelns und kann entsprechende Kritik nicht akzeptieren.

Herr Trinkaus wird auf eigenen Wunsch nicht mehr in dieser Grundschule arbeiten.
Es schält sich heraus, dass die Einleitung disziplinarischer Ermittlungen und eine eventuelle Abmahnung unter dem von ihm selbst angestrebten Ergebnis blieben, da wir von vornherein von einem minderschweren Fall in der Relation zu anderen Fällen sprechen müssen.
Ich danke Ihnen noch einmal für Ihr Engagement, die Dinge ins Rollen gebracht zu haben.

Mit freundlichen Grüßen
Herbert Leisetreter
Schulrat«

Die Rache des Lehrers

Damit hätte der Fall erledigt sein können, von dem einzigen Schönheitsfehler abgesehen, dass ich drei Monate später Post von seinem Anwalt kriege, einem stadtbekannten Lehrerverteidiger. In dreizehn Punkten bestreitet das Schreiben alle Details des Falles. Alles gelogen? Der Anwalt schreibt:

»Offensichtlich sollen diese Bemerkungen bewusst als Gerücht verbreitet werden, um Herrn Trinkaus beruflich zu schaden, da davon ausgegangen wird, dass die Behauptung weder bewiesen noch widerlegt werden kann. Da es sich um unzutreffende Tatsachenbehauptungen handelt, habe ich Sie aufzufordern, diese oder ähnliche Behauptungen über Herrn Trinkaus zu unterlassen. Anliegend übersende ich eine Unterlassungs-

erklärung mit der Bitte, diese zu unterzeichnen und spätestens bis zum 7. August 2003 an mich zurückzureichen.
Sollte die Erklärung bis dahin nicht eingegangen sein, bin ich gehalten, den Anspruch gerichtlich geltend zu machen.«

Für den Fall der Zuwiderhandlung hätte ich mich einer Vertragsstrafe in vom Gericht festzusetzender Höhe zu unterwerfen, mindestens aber dreitausend Euro. Ach ja, die entstandenen Anwaltsgebühren nach einem Gegenstandswert von fünftausend Euro hätte ich auch gleich auf das Konto des Rechtsanwalts zu überweisen.

Bis heute lehrt der Herr an einer Hauptschule, gut bestallt und unangefochten. Es geht das Gerücht um, dass er seine Schüler auf den Hof schickt, wenn ihn die Lust am Unterricht verlässt. Wenn er überhaupt kommt. Denn meistens ist er krank und muss vertreten werden. Ihn hat die Lehrerkrankheit erwischt, er fühlt sich mittlerweile doch arg ausgebrannt. Nach menschlichem Ermessen wird er in einem halben Jahr mit allen Arztbesuchen, Gutachten und therapeutischem Schnickschnack durch sein und ins Frühpensionat wechseln. Natürlich mit den für diese Fälle vorgesehenen Bezügen.

Nur Lehrerschelte?

Ich will die Lehrer jetzt nicht pauschal verurteilen. Bei ihnen gibt es wie in jedem anderen Beruf wahre Könner, echte Flachpfeifen und unspektakuläres Mittelmaß. Es gibt hin und wieder ungeschickte Chirurgen, betrunkene Busfahrer und miserable Köche. All diese Berufe beherbergen Menschen – und die sind nun mal verschieden. Engagiert und kompetent, durchschnittlich oder faul und unfähig. Das Problem besteht darin, dass man im Beamtentum gegen Faule und Falsche und Fehlbesetzungen nicht das Geringste unternehmen kann. Noch nicht einmal gegenüber diesem einen Lehrer empfinde ich wirklichen Hass. Vielleicht steckt er ja in einer ganz tiefen Lebenskrise und entdeckt mit Mitte fünfzig plötzlich, wie sehr ihn dieser Beruf eigentlich anödet, und wäre viel lieber etwas ganz anderes geworden, Landschaftsgärtner vielleicht oder Steuerberater oder Designer von Sektkelchen. Es muss furchtbar sein, das zu merken. Oder er fühlt sich aufgerieben in einem zermürbenden privaten Beziehungsstress, wurde gerade verlassen oder verlässt selbst eine langjährige Partnerschaft. Wer weiß das schon? Vielleicht hat er auch nur ganz einfach keine Lust mehr. Oder seine Gesundheit ist so angegriffen, dass er morgens schon mit der Angst in die Schule schleicht, diesen Tag nicht heil zu überstehen. So etwas kann vorkommen, und das tut es ja auch immer wieder.

Die allermeisten anderen Erwerbstätigen in dieser Situation, Berufsreiche und Erben großer Vermögen mal ausgenommen, straft das Leben mit ausbleibendem Erfolg – auch wirtschaftlich. Die Kunden bleiben weg, die Auftraggeber schweigen, der Pegel der verfügbaren Möglichkeiten auf dem Konto sinkt auf den Gefrierpunkt und von da ab steil nach unten. Zuerst verliert man den Arbeitsplatz, dann fehlt das Geld und bald der Lebensmut. Doch kein Mensch in diesem Land kann einen Lehrer dazu zwingen, beruflich etwas anderes zu versuchen, wenn seine Unfähigkeit offenbar wird. Schließlich ist er ja Beamter – und wird es nach menschlichem Ermessen bleiben, selbst wenn er sich schon jetzt gegenüber den ihm anvertrauten Kindern mehr herausgenommen hat, als goldene Löffel zu stehlen.

Und was passiert eigentlich, wenn tatsächlich mal ein Lehrer einer Schülerin die Unterhose runterzieht? Der dreiundfünfzigjährige Studienrat aus Berlin, dem vorgeworfen wurde, sich einhundertfünfmal an einer vierzehn Jahre alten Schülerin vergangen zu haben, hat die ganze Geschichte des sexuellen Missbrauchs einer Schutzbefohlenen vor Gericht rundweg geleugnet. Zu guter Letzt hat er sich doch zu einem Geständnis durchringen können. Das gab ihm die Chance, eine Bewährungsstrafe unter zwölf Monaten zu bekommen. Mit elf Monaten auf Bewährung kann der Lehrer nämlich Beamter bleiben – nicht, dass er das unbedingt wollte. Aber es würde seine Pensionsansprüche sichern. Über die angestrebte Entlassung des Lehrers entscheidet nun die Disziplinarkammer des Verwaltungsgerichts. Bis dahin können nach Angaben der Schulverwaltung Jahre vergehen. Jahre, in denen der Gymnasiallehrer gekürzte Bezüge erhalten wird – das sind monatlich bescheidene zweitausendvierhundertsiebzig Euro.

Einen jungen Menschen etwas zu lehren heißt nicht, einen Eimer Wasser zu füllen, sondern ein Feuer anzuzünden.

ARISTOTELES

11. Kapitel

Und es gibt sie doch – gute Lehrer: das Abschlusszeugnis

Johannes und Pauline tratschen beim Mittagessen über ihre Lehrer. »Doktor Evil ist echt so 'n Arsch«, stöhnt Johannes und verzieht das Gesicht. »Echt, ey, sei bloß froh, dass du den nicht hast.« – »Wieso denn, ich hab viel schlimmere Ärsche«, gibt Pauline ungerührt zurück. »Wenn du den Steinbeiß hättest, das würdest du gar nicht aushalten.« Keine Frage, der Deutschlehrer ist bei Pauline unten durch, seit er ihr vorgeworfen hat zu lügen, ohne rot zu werden, und dann auch noch die Nachbarklasse aufgefordert hat, die Französischlehrerin zu verpetzen. Aber wer von den beiden hat jetzt die schlimmeren Lehrer? Und wer hat einen guten?

Johannes legt einen Trumpf nach. »Heute kam der Fotograf fürs Klassenfoto. Und Doktor Evil wollte nicht mit aufs Bild. Er hat gesagt, dass er sich nicht mit uns zusammen auf einem Foto sehen will. Stell dir das mal vor!« Pauline schweigt. Sie scheint ehrlich beeindruckt. Dann überlegt sie: »Na ja, vielleicht findet er sich zu hässlich für ein Foto. Sieht ja auch scheiße aus.« – »Nee.« Johannes schüttelt energisch den Kopf. »Das liegt nur daran, dass er uns nicht leiden kann.

Deswegen will der nicht mit aufs Foto! Der findet uns peinlich. Ein Lehrer, der sich mit seinen Schülern nicht sehen lassen will, das ist doch voll bescheuert!« Pauline nickt. »Typisch Lehrer eben, was willste da schon erwarten«, seufzt sie. Damit scheint der Fall erledigt.

Doch plötzlich fällt ihr noch etwas anderes ein. »Du, Mama, ich darf doch mit auf die Klassenfahrt, oder?« Klar darf sie, und außerdem muss sie ja auch – Klassenfahrten gehören schließlich zum Unterricht. »Also, ich habe nämlich vergessen, dir den Zettel zu geben, auf dem du unterschreiben musst, dass ich darf. Und den sollte ich heute abgeben.« Und jetzt? Heute war der letzte Schultag, direkt nach den Sommerferien soll die Reise losgehen. Ohne meine Einverständniserklärung darf sie nicht mit, erklärt mir Pauline. Bei der Aussicht, nicht mit auf Klassenfahrt gehen zu dürfen, wo sich doch ihre Gedanken und die ihrer Klassenkameradinnen seit drei Wochen ausschließlich um die Unwägbarkeiten der Zimmerverteilung drehen, verdüstert sich ihre Miene einen Moment lang. Doch bevor ich zu den üblichen Ermahnungen bezüglich der rechtzeitigen Vorlage aller unterschriftsreifen Schulmitteilungen ausholen kann, grinst sie mich an: »Macht nichts, wir können das Blatt ja faxen.« Gerne – aber woher kriege ich die Faxnummer dieses Lehrers? »Ganz einfach«, strahlt Pauline. »Ich habe alles. Die Telefonnummer, die Faxnummer und die Handynummer von Herrn Theuerkauf. Ich weiß auch, wo er wohnt, weil ich seine Adresse habe.« Mit einem Anflug von Hochmut setzt sie hinzu: »Und seine E-Mail-Adresse habe ich übrigens auch.«

Donnerwetter! Ist da etwa ein Lehrer für seine Schüler

erreichbar? Außerhalb des Unterrichts sogar? Denn das ist es doch, was ein Lehrer mit der unproblematischen Bekanntmachung seiner Telefon-, Fax- und Handynummer den Schülern (und ihren Eltern) signalisiert: Ich bin keiner, der mit dem Pausenklingeln den Griffel fallen lässt und auf dem schnellsten Weg aus der Schule verschwindet, um in mein unantastbares und möglichst kinderfreies Privatleben zu flüchten. Sondern: Ich bin für euch da, wenn es ein Problem gibt. Ihr könnt mich erreichen. Ihr dürft mich ansprechen.

Daran erkennt man einen guten Lehrer

Ich traue meinen Ohren nicht, und sogar Paulines Bruder ist ehrlich beeindruckt. »Du hast echt alle Nummern von ihm?«, fragt er ungläubig. »So was habe ich ja noch nie gehört. Ich weiß von keinem Lehrer seine Telefonnummer.« – »Siehste, Herr Theuerkauf ist eben ein guter Lehrer«, triumphierend schaut Pauline ihren Bruder an und lehnt sich hochzufrieden zurück. »Ich habe wenigstens einen.« Dann empfiehlt sie ihm mit etwas scheinheiligem Mitleid: »Frag doch einfach mal, dann kriegst du vielleicht auch eine Nummer.« Johannes überhört den boshaften Unterton und winkt ab: »Vergiss es. Haben wir schon gemacht. Alle haben dasselbe gesagt. Sie geben uns die Nummer nicht, weil sie in ihrem Privatleben nicht gestört werden wollen. Die haben wohl Angst, dass wir dann Klingelstreiche oder so 'n Babykram machen würden. Die sagen, wenn wir ihre Nummer hätten, würden wir dauernd anrufen, und das wäre bei achtzehn Kindern zu viel. Dann müssten sie den ganzen Nachmittag am Telefon sitzen und würden für nichts anderes mehr Zeit haben.«

Das stimmt. Es ist wahrscheinlich leichter, die private Handynummer von Bruce Willis herauszufinden als die von einem Lehrer am Gymnasium.

Wenn man als Mutter das Gespräch mit einem Lehrer sucht, fühlt man sich immer ein bisschen wie der Kassenpatient beim derzeit angesagten Schönheitschirurgen.

In Johannes' Klasse ist es üblich, den Kindern einen Zettel mitzugeben, wenn man den Lehrer mal sprechen möchte. Für alles andere, so hieß es auf dem Elternabend, gibt es ja die halbjährlich stattfindenden Elternsprechtage. Diese Irrsinnsveranstaltung, auf der man sich in Listen an den Klassenzimmertüren eintragen muss, die merkwürdigerweise immer schon voll sind, obwohl sie angeblich Punkt achtzehn Uhr erst ausgehängt werden. Hat man den Kampf mit den anderen Eltern um ein Zeitfensterchen von zehn Minuten gewonnen und tatsächlich einen der knappen Termine ergattert, schafft man es natürlich niemals, auch nur die Hälfte der Unterrichtsbeamten wenigstens kurz sprechen zu können.

Feedback-Kultur?

Auch die Zettel, die man dem Kind dann frohgemut mitgibt, verschwinden meistens auf unerklärliche Weise und zuverlässig immer dann, wenn es sich bei den Gesprächswünschen um Themen wie vergessene Hausaufgaben, ungerechte Zensuren oder außerhalb der Schule verbrachte Schulstunden handelt. Wäre schon schön, vom Lehrer mit einer kurzen E-Mail davon in Kenntnis gesetzt zu werden, wenn etwas in der Art ansteht, auffällt oder vorgefallen ist. Jedenfalls wenn es um Dinge geht, die mütterliche Erziehungseinsätze in Gestalt beherzten Eingreifens erfordern – genau den Teil der Aufgaben aus der gesetzlich vorgesehenen Erziehungspartnerschaft, den zu ignorieren doch noch stets wüste Anklagen der Lehrerschaft in Richtung elterlichen Versagens auslöst. Auch das wünsche ich mir von einem guten Lehrer: Wenigstens kurz informiert zu werden, wenn in der Schule etwas schiefläuft. Oder besonders gut läuft. Das wäre doch ein schöner Gedanke, der ungemein hilfreich sein könnte, um der visionären Idee einer Art lebendiger Feedback-Kultur, die auch positive Rückmeldungen nicht unter den Tisch fallen lässt, ins Leben zu verhelfen.

Doch das geschwisterliche Lehrer-Ranking geht offenbar in eine neue Runde, und ich erfahre noch ein Erkennungszeichen guter Lehrer.

»Herr Täschner ist sowieso der allerbeste Lehrer an der Schule«, ruft Johannes im Brustton der Überzeugung aus. Pauline pflichtet ihm bei. »Genau, das finde ich auch.« Da bin ich baff, denn die Erdkundestunden des Schulleiters hat Pauline mir gegenüber stets als lebensgefährliche Veranstaltung beschrieben, bei der man dreimal in der Woche ernstlich Gefahr laufe, vor Langeweile zu sterben. Sie steht in Erdkunde bei Herrn Täschner auf einer glatten Fünf. Auch ihr Bruder segelt mit seiner knappen Vier jenseits des grünen Bereichs. Das finde ich interessant. Denn im Allgemeinen finden sie die Lehrer gut, bei denen sie gute Noten haben – oder umgekehrt.

Wo man den Lehrer gut findet, strengt man sich an. Mehr noch als das Fach und vor allem viel früher, als ein bestimmtes Wissensgebiet gleichsam aus sich selbst heraus eine gewisse Faszination für den Lernenden entfaltet, interessiert der Lehrer, der dieses Fach unterrichtet. Zuallererst steht der Mensch für sein Fach, jedenfalls aus Sicht der Schüler. Das merkt man schon daran, wie die Kinder über Schule reden: Wie selten sie etwas vom Inhalt ihrer Schulstunden berichten und wie oft sie nur davon erzählen, wie der Lehrer heute so drauf war.

Und mal ehrlich: Wer kennt das nicht aus eigenen Schülerzeiten – dass man sich plötzlich mit Feuereifer der Aufgabe widmet, »zu morgen« das Schrägbild eines Prismas zu zeichnen, sich aus eigenem Antrieb in die mysteriösen Unterschiede zwischen Lippen- und Rachenblütlern vertieft oder sogar, ohne ausdrücklich dazu verdonnert worden zu sein, ausgiebig Vokabeln lernt, nur weil man den Physik-, Biologie- oder Lateinlehrer so toll findet. Der hat einem nämlich durch ein Wort oder eine Geste zu verstehen gegeben, dass er daran glaubt, dass man es schaffen könne, wenn man nur wolle, und die Erreichbarkeit der guten Drei in nicht allzu weiter Ferne sei. Und weil man genau dieses Zutrauen nicht enttäuschen will – lernt man. Sogar freiwillig.

Dann kann es auch geschehen, dass der Funke überspringt und sich plötzlich Horizonte in ganz normalen Physikstunden eröffnen, von denen man bislang keine Ahnung hatte. Allerdings kann dieser Zündvorgang nur starten, wenn der

Lehrer brennt – für sein Fach, für seinen Beruf und für die Kinder, die er zu unterrichten hat. Einer, der von seinem eigenen Unterricht zu Tode gelangweilt ist und dabei in Routine erstarrt, weil er seit Jahren immer nur dasselbe macht, brennt höchstens aus. Genau wie der ausbrennt, der die Kinder in der Klasse im Grunde als Störfaktoren für seine Arbeit sieht. Solange viele Lehrer verbitterte, schlecht gelaunte und genervte Lehrer sind, verbittern sie die Kinder und machen sie und ihre Eltern unglücklich.

Schlechte Lehrer kennen nur Herrschaft und Unterwerfung. Sie verbergen ihr Angst hinter einer Maske aus Ironie und Sarkasmus oder biedern sich unerträglich bei den Kindern an. Aber reagieren wie alle Egomanen gekränkt, wenn ihre Bedürfnisse nach Selbstbespiegelung nicht genügend beachtet werden. Eigentlich sehnen sie sich nur nach Anerkennung, Beifall, Dank; es geht ihnen im Grunde nicht um die Sache und die Menschen, sondern nur um ihr eigenes beifallsüchtiges Bedürfnis.

Gute Lehrer mögen ihre Arbeit und identifizieren sich mit ihrer Klasse. Sie sind durch nichts zu behindern – noch nicht einmal durch Kinder.

Leider und viel zu oft kommt auch das Gegenteil vor. Da liest man für sein Leben gerne, verschlingt ein Buch nach dem anderen und hat sich im Lesen längst ein privates Vergnügen erobert, das einem zudem noch erlaubt, den nörgelnden Eltern und misslaunigen Geschwistern zu entgehen. Und kriegt es mit einem Deutschlehrer zu tun, der die ganze Welt der Abenteuerromane mit einem Handstreich zu Kinderkram und Schundliteratur abstempelt und die Theaterstücke von Brecht zur einzigen Lektüre deklamiert, die die

Mühe lohnt. Fortan traktiert dieser schmächtige Wicht mit der runden Nickelbrille und dem zeittypischen APO-Sendungsbewusstsein die siebte Klasse ein ganzes Jahr lang mit dem kompletten Repertoire dieses an sich wirklich schätzenswerten Dichters und den immer gleichen Fragen nach der politischen Aussage in den Geschehnissen um *Mutter Courage,* den *guten Menschen von Sezuan* oder in dem *Leben des Galilei*.

So war das damals bei mir, und bis heute habe ich freiwillig kein einziges Brecht-Stück mehr in die Hand genommen. Schade eigentlich.

Aber auch in meiner ängstlichen Zahlenblindheit und der tiefwurzelnden Überzeugung, für Mathe schlicht zu doof zu sein, erkenne ich heute noch den seelischen Fingerabdruck des glatzköpfigen Sadisten, der noch stets die ganze Klasse anstiftete, die üblichen Fünferkandidaten mit Häme zu überschütten, und keine Gelegenheit ungenutzt verstreichen ließ, die erbärmlichen Kreaturen, als die er sich angewöhnt hatte, uns Mathe-Versager zu bezeichnen, bis auf die Knochen zu blamieren. Dann kam das neue Schuljahr und mit ihm ein neuer, junger, fröhlicher Lehrer. »Mathe macht glücklich«, verkündete der in der ersten Stunde und grinste uns aufmunternd an. Nach meiner nächsten Fünf in der Klassenarbeit nahm er mich beiseite und sagte, er wolle mir helfen. Drei Monate lang an drei Tagen in der Woche, jeweils eine halbe Stunde nach dem Unterricht würde er sich mit mir zusammensetzen und ein spezielles Mathematikbuch durcharbeiten. Danach würde ich die Sache mit den Algorithmen verstanden haben. Dass er recht behalten hat, werde ich ihm niemals vergessen.

Oder dieser Lehrer: Zu den Dingen, die mich als Siebzehnjährige am wenigsten interessiert haben, gehörte der Lateinunterricht mit Caesars Kampfgeschrei. Also habe ich auf Teufel komm raus geschwänzt, gelogen und gefälschte Entschuldigungsbriefe abgeliefert. Irgendwann wurde es ihm zu bunt, und er bestellte mich ins Lehrerzimmer zu einem ernsten Gespräch. Sein Vorschlag: Schwänz ruhig weiter, ich werde das decken, und auch deine Eltern werden nichts erfahren. Bedingung: »Du wirst alle drei Wochen eine Übersetzung anfertigen von einem Text, den ich aussuche. Und das Ergebnis dieser Prüfung wird jeweils nicht schlechter als drei ausfallen.« Mit dem Rücken an der Wand und aus Angst vor meinen Eltern habe ich zugestimmt. Und gepaukt, allerdings für mich allein. Die Lateinstunden habe ich weiterhin im Stehcafé hinter der Schule oder auf einer nahe gelegenen Waldwiese mit einem spannenden Buch verbracht. Alle drei Wochen dann hatte ich in der Bibliothek anzutanzen und meine Arbeit zu schreiben – fast immer mit einem besseren Ergebnis als drei. Vielleicht lag es auch an der Umsicht, mit der mein Lehrer die Texte aussuchte; meistens gab es hochinteressante Stückchen aus Ovids Liebeskunst zu übersetzen, gespickt mit Vokabeln, die man schon nach dem ersten Durchlesen nie wieder vergisst. Sicher aber lag es an diesem Lehrer, dass ich am Ende dieses Schuljahres mehr Latein gelernt hatte als in den dreien davor zusammen.

Was einen guten Lehrer ausmacht, weiß eigentlich jeder, der einen hatte. Mein Lateinlehrer hat damals mehr intuitiv geahnt, dass die Anwendung der üblichen Disziplinierungsmittel mich vielleicht dazu bringen könnte, den Unterricht abzusitzen. Er hätte mir einen furchtbaren Druck von zu Hause beschert, unter dem ich wahrscheinlich eingeknickt wäre. Mit seinem Vorschlag der dreiwöchentlichen Überprüfungen und der langen Leine in der Zeit dazwischen hat er wohl meiner Aufsässigkeit und zur Schau getragenen Verweigerungshaltung nachgegeben; allerdings ohne beleidigt zu sein. Jeder andere hätte meine Schulschwänzerei als Desinteresse an seinem Unterricht interpretiert und das persönlich genommen. Zweifellos eine Situation, in der normal schlechte Lehrer anfangen, simplen Druck auszuüben. Er hat mir meinen Freiraum gelassen und trotzdem sein Ziel erreicht. Man könnte auch sagen, er hat mich als eigenständige Person gesehen, die schon ihre eigenen Gründe für dieses Verhalten haben wird. Und das wünschen wir uns doch alle: als Individuen gesehen und respektiert zu werden. Gleichzeitig hat er aber auch die Balance gehalten zwischen individuellem Respekt und kollektiver Gerechtigkeit – der Aufgabe, einem Schüler gerecht zu werden, ohne den anderen gegenüber ungerecht zu werden.

⋆

Neugierig frage ich bei Pauline und Johannes nach, warum Herr Täschner der beste Lehrer ist, den sie haben. Was hat er, was den anderen fehlt? Einmütig erklären mir die beiden: »Bei dem merkt man nie, wen er am liebsten hat. Der ist zu allen gleich freundlich.«

Na also, da haben wir es doch. In dem Bild vom guten Lehrer, das Schüler flugs und überraschend einhellig entwerfen, wenn man sie einmal danach fragt, klingt das Echo des grundsätzlichen Dilemmas des Lehrerberufs schon an, für das die guten eine Lösung gefunden haben: Ihr eigenes Verhalten und Auftreten durchweg bewusst steuern zu können und andererseits dem Unterrichtsgegenstand und dem Schülerverhalten hochkonzentriert zu begegnen, das ist der Kunstgriff, der gute von schlechten Lehrern unterscheidet. Wenn dann noch eine Prise Humor dazukommt, sind Schüler zufrieden und manchmal sogar begeistert – jedenfalls aber leistungsfähig und bereit, sich auch anzustrengen.

Gerecht, gleichbleibend freundlich und ansprechbar …

– so wünschen sich Schüler ihre Lehrer. Mit jeder weiteren Klassenstufe werden sich Schüler ihrer Rolle in der Klasse bewusster, die sie mit anderen Kindern teilen: Der Lehrer steht mit allen gleichzeitig in Kontakt, und die Bevorzugung des einen geht zu Lasten des anderen. Die Schüler ahnen vom ersten Schuljahr an, was in den folgenden zur Gewissheit wird: Die gleichförmige Behandlung aller ohne Ansehen der Person ist eine Voraussetzung dafür, die Willkür der Lehrermacht zu zügeln. Sie nennen es Gerechtigkeit und setzen es ganz oben auf ihre Wunschliste. Und warum wünschen sich wohl Kinder aller Klassen so dringend, der Lehrer möge einerseits gerecht und andererseits menschlich, im Sinne von zugewandt, offen für und interessiert an ihrer Person sein? Man wünscht sich doch immer das zu erleben, was man noch nicht kennt.

Also – Hand aufs Herz: Was fällt uns ein, wenn wir an Lehrer denken? Denken wir an Leidenschaft, natürliche Autorität und Vorbild? Denken wir an einen sachkundigen Bergführer über die gefährlichen Pässe, steilen Felswände und schwindelerregenden Schluchten im Gebirgsmassiv der geistigen Erkenntnis und des praktischen Erarbeitens diverser Einsichten? Oder fallen uns als Erstes ältliche Grundschulgouvernanten, hohle Schaumschläger und überhebliche Fachidioten ein, die eher wie Replikanten aus *Blade Runner* denn als lebendige Menschen wirken? Die nicht Lehrer wurden, weil sie für diesen Beruf geeignet sind, sondern weil sie für alle anderen Beruf ungeeignet sind.

Käpt'n, mein Käpt'n …

Wo sind sie eigentlich, die Lehrer, die sich mit Begeisterung und vielen Ideen für ihre Schüler einsetzen, die Spaß verstehen, ihre Schüler führen und ihnen trotzdem hin und wieder ein offenes Ohr bieten? Hin und wieder trifft man einen im Kino, einen wie Robin Williams im *Club der toten Dichter*. Gibt es solche Lehrer auch im richtigen Leben? Die es schaffen, Kinder zum Selberlernen anzuregen, ihnen Mut machen und bei alldem auch immer ein Minimum an Respekt vor Kindern erkennen lassen? Lehrer, die als ganze Person auftreten und in sich selbst ruhen, brauchen sich nicht an Schülern schadlos zu halten, die sich nicht wehren können. Selbstbewusste, leistungswillige Lehrer, die den Überblick behalten. Es gibt sie ja – aber warum so selten? Es gibt unendlich viele Schüler, bei denen dies auf fruchtbaren Boden fallen würde. Offenbar kommt beides selten zusammen, aber wenn, dann rockt's.

Herr Seelmann ist so ein cooler Typ. »Studienrat für Biologie und Sport an einem deutschen Gymnasium zu sein ist das Geilste, was ich mir vorstellen kann«, sagt der Neununddreißigjährige. Dass Biologie »toll«, »krass« und manchmal »echt irre« ist, bringt dieser Lehrer glaubwürdig rüber. Dabei wirkt der Jugendslang aus seinem Mund weder anbiedernd noch nachgemacht, sondern einfach echt – der redet eben so.

Klar und bildhaft erklärt er seinen Schülern Fauna und Flora und scheut auch vor ethisch-moralischen Debatten um moderne Gentechnik nicht zurück. Doch bisweilen eckt der Studienrat mit seiner lockeren Art auch an. Einige Kollegen empfinden es als Verunglimpfung ihres Fachs, wenn Herr Seelmann behauptet, das Klonschaf Dolly sei auch nur ein Mensch, und damit erklären will, dass alle Wesen und Dinge im ganzen Universum aus den gleichen Stoffen bestehen – mehr als die Sachen aus dem Periodensystem gibt es eben nicht. Mit großem Einsatz bestreitet er seine Unterrichtsstunden und bringt die Dinge auf den Punkt: »Wir sind kosmische Durchlauferhitzer. Alles, was wir denken, ist Sonnenenergie«, veranschaulicht er die Rolle unseres Zentralgestirns und entdeckt auf diese Weise sogar einen Hauch von Poesie in der Photosynthese.

Wer hätte nicht gerne so einen Biologielehrer gehabt? Seiner dreizehnten Klasse schrieb er Folgendes ins Abi-Jahrgangsbuch:

»Über meinen Leistungskurs: Alle dürfen machen, was ich will! Aber vor allem: Seelmann liebt euch (außer freitags, 7. Stunde!!!). Warum ich dieses Fach gerne unterrichte: Seit 20 Jahren erforsche ich das Fressverhalten der Hainschnirkel-Schnecke, und ich möchte, dass alle jungen Menschen an meinen Ergebnissen teilhaben können, weil ich weiß, dass es sie alle interessiert, und weil ich glaube, dass die Kenntnis dieses Fressverhaltens für künftige Generationen zu Erfolg, Wohlstand, Macht, Weltfrieden und …(zwei Männer mit weißen Kitteln versuchen mir schon wieder mal diesen unbequemen Anzug anzuziehen, in dem man sich so schwer bewegen kann).

Ich muss hier aufhören. Wer mehr wissen will, schaut nach unter http://www.sicherer-weltfrieden-durch-die-kenntnis-des-fressverhaltens-der-hainschnirkel-schnecke.com.

Kriterien für meine Notengebung: objektiv und rein mathematisch (viele Euros = viele Punkte).

Wie ich von meinen Schülern gesehen werden möchte: als Biobeamter mit der Lizenz zum Müdemachen.«

Her mit den guten Lehrern!

Erziehen, sein Fach mit Freude, Lust, Leidenschaft und Sachkenntnis vertreten und zwischenmenschliche Konflikte schlichten – ja, das alles muss ein Lehrer können. Und auch das: die immer größer werdenden Leistungsunterschiede in einer Klasse auffangen, Klassenfahrten organisieren, den

Kontakt mit Betrieben und Jugendämtern der Umgebung pflegen, die Stärken und Schwächen seiner Schüler erkennen, ansprechbar, offen und fair sein und mit Eltern Erziehungsgespräche führen, in denen sie ihre Angst vor den Eltern nicht mit Überheblichkeit, Ignoranz oder Aggressivität maskieren.

Entscheidend für den Schulerfolg eines Kindes wirkt sich die soziale Herkunft seiner Mitschüler und Mitschülerinnen aus – das haben wir seit PISA schwarz auf weiß. Je voller die Bücherregale zu Hause gestellt sind, umso besser ist das Kind in der Schule. Darum müssen wir Eltern uns kümmern und tun es ja auch.

Aber das ist nur die halbe Wahrheit: Die Leistungsunterschiede innerhalb der Klassen sind größer als der Abstand zwischen Finnland und Deutschland im PISA-Ranking – ein Unterschied, der vornehmlich auf bestimmte Merkmale der Lehrkräfte und ihre didaktischen Fähigkeiten zurückgeführt werden kann. Das ist die unspektakuläre Wahrheit über das Schulunwesen, mit der Eltern jeden Tag ihre Erfahrungen machen: Nicht alle Lehrer sind gleich gut. Aber alle sind sie gleich wichtig.

Und darauf kommt es an: Wichtiger als die Schulform, das Unterrichtskonzept, der Gebäudezustand oder das soziale Umfeld für den Lernerfolg der Kinder sind der Lehrer und die Lehrerin. Entscheidend sind die menschlichen Qualitäten. Nicht so sehr die Wellen der Methodenmoden, die in Gestalt didaktischer Arrangements zwischen Frontalunterricht und Gruppenarbeit über die Kinder hinwegschwappen, verbürgen gute Ergebnisse. Die ganze Aufregung um die jeweils angesagtesten didaktischen Hypes von Mengenlehre bis Ganzwortmethode, von Montessori über Steinersche Waldorfpädagogik bis Englisch ab der ersten Klasse und auch das jahrgangsübergreifende Lernen, das über die Klassen rollt, das alles lenkt von diesem schlichten Sachverhalt ab: Auf den Lehrer kommt es an. Der muss gut sein, sonst nutzt auch das viele Geld nichts, das wir uns alle so dringend wünschen, um die Bildung in den Schulen aufzumöbeln.

Daran sollten sich die, die noch nicht zu den guten gehören, einmal erinnern. Und dann sei ihnen, als geistigen Entwicklungshelfern und nicht als Beamten zur Deckung des Unterrichtsbedarfs, das gute Gehalt, die vierzehn Wochen Ferien und die Sicherheit ihres Postens von Herzen gegönnt.

Prinzipiell bleibt, was in der Schule geschieht,
weit hinter dem leidenschaftlich Erwarteten zurück.
THEODOR W. ADORNO, IN: TABUS ÜBER DEN LEHRERBERUF

12. Kapitel

Warten auf die gute Fee: das Schultor schließt sich

»Kannst du mir mal sagen, was die Grundprinzipien des Merkantilismus sind?«

»Wer hat das Mikroskop erfunden?«

»War das Leonardo da Vinci, der die Sixtinische Kapelle angemalt hat?«

»Guck mal hier: In ein Paket werden 500 g Kaffee und 750 g Schokolade gepackt. Die Verpackung wiegt 300 g. Wie viel Gramm wiegt das Paket insgesamt? Manno, ich kapier das nicht!«

»Weißt du was über die *docklands* in London?«

»Was ist 'n Brennsuppe? Ham wir in so 'ner Geschichte in Deutsch gehabt.«

»Wie viele gerade Kanten hat ein Quader?«

»Die Verknüpfung einer zentrischen Streckung mit einer Achsenspiegelung, deren Achse das Streckenzentrum enthält, heißt Klappstreckung. Mama, was bedeutet das?«

Ja, was bedeutet das? Vor allem eines: Während ich diese ganzen Fragen beantworte, kann ich das alles nicht machen: Arbeiten und Geld verdienen, Wäsche aufhängen, das Auto aus der Werkstatt holen, das Abendessen vorbereiten, Gäste empfangen oder auch nur über den neuen Mann in meinem Leben nachdenken, die Küche putzen, mit den Kindern durch die Wälder streifen, mit dem Vermieter verhandeln, den verstopften Abfluss freikriegen, das Finanzamt um Stundung der Steuer bitten, einen Schwimmkurs für die Kleinen buchen, einen Mittagsschlaf rausschinden oder ein dringendes Telefonat erledigen oder mal wieder mit allen Kindern zusammen Erdbeeren pflücken und Marmelade kochen.

Natürlich bin ich vom Sinn des nachmittäglichen Einübens neuer Sachverhalte, von denen man vormittags gehört hat, überzeugt. Aber das macht die Sache nicht einfacher: Ich kann das machen, aber ich kann es nicht richtig machen: Steige ich voll ein bei Algebra und Geschichte, Deutsch, Englisch und Französisch, riskiere ich in dieser Art von fürsorglicher Belagerung die totale Überbehütung oder auch die totale Überforderung, weil ich den Druck aus der Schule noch verstärke. Beides gefällt mir nicht, beschert mir todsicher die Aggressionen meiner Kinder und nährt obendrein bei mir die Angst, als Hilfslehrerin zu versagen. Lass ich's laufen und mische mich nicht weiter ein, riskiere ich, dass meine Kinder in der Schule böse auffallen als Kinder, um die sich keiner kümmert, und dadurch können sie sogar schlechter beurteilt werden. Also schlingere ich täglich auf dem schmalen Grat zwischen zu viel und zu wenig entlang. Eigentlich gehört ein satter Warnhinweis auf die Hefte der Kinder: »Achtung! Hausaufgaben gefährden Ihre psychische Gesundheit und fügen Ihnen und Ihren Familienmitgliedern ernsthaften Schaden zu.«

Ich reiße meine Kinder nicht mehr in aller Herrgottsfrühe aus dem Tiefschlaf, um sie in die Schule zu schicken. Ich beschimpfe sie nicht mehr, wenn sie vergessen haben, mir die neueste Materialanforderung aus der Schule rechtzeitig zu zeigen, oder keine Lust haben, mit mir das Einmaleins zu pauken oder sich die unregelmäßigen Verben zum hundertzwanzigsten Mal abfragen zu lassen. Weder das große noch das kleine Einmaleins, noch die *if-clauses* noch die binomischen Formeln werden unsere Gespräche beherrschen, denn das kriegen die Lehrer in der Schule alleine hin. Und ich werde mir nicht mehr den Mund fusselig reden, um den Unterschied zwischen Gerundium und Gerundivum zu erklären: Das ist die Sache ihres Lehrers.

Dann könnte ich meine Kinder nachmittags endlich mal wieder fragen, wie es ihnen geht, und nicht nur, ob sie was aufhaben. Ich werde sie überhaupt nicht mehr ausfragen, sondern in Ruhe und sehr gelassen warten, bis sie von selbst kommen, und dann sehr genau zuhören. »Hast du eine Arbeit geschrieben? Hast du eine zurückbekommen? Wie ist Mathe ausgefallen, bist du mit dem Deutschaufsatz zurechtgekommen? Hast du für den Vokabeltest geübt?« Diese Sätze werde ich ersatzlos streichen. Denn sie sind bloß gut und anteilnehmend gemeint, in Wirklichkeit setze ich damit meine Kinder nur dem Zwang aus, mich ständig über alles informieren zu müssen. Selbständigkeit kann so nicht wachsen. Denn ihre Berichtspflicht verfestigt nur die Abhängigkeit von mir und vertut dabei ihre ureigene Chance, sich meiner Kontrolle über ihre Schulangelegenheiten zu entziehen.

Und wenn sie eine Fünf mit nach Hause bringen, werde ich sie trösten und aufmuntern, aber nicht mehr anschreien und nachmittägliche Ausgangssperre verhängen, um den Unterrichtsstoff nachzuholen. Ich werde auch nicht zum Telefonbuch greifen, um einen Nachhilfelehrer zu buchen. In den Sommerferien werde ich sie ins Schwimmbad schicken, nicht ins Paukstudio zum privaten Schreib- und Rechentraining.

Ich schäme mich auch nicht mehr, weil ich zur Arbeit gehen muss und keine Zeit habe, den Erstklässlern beim Lesenlernen zu helfen, die Drittklässler ins Museum zu begleiten oder am eisigen Adventssonntag auf dem Schulbasar tonnenweise Plätzchen zu verhökern, die ich in der Nacht vorher gebacken habe. Ich entschuldige mich auch nicht mehr, wenn ich vergessene Butterbrote, liegengelassene Turnbeutel oder gleich den Schulranzen in die Schule bringe; ich stelle die Nachlieferungen einfach ein und die Vorauslieferungen gleich dazu auch: Flache Steinchen, Kastanien, Bierdeckel, Wollreste oder Spiegelglasscherben besorge ich jedenfalls nicht mehr. Und ich kaufe die unspektakulären Klebstifte von Aldi, statt mir die teuren Dinger von UHU aufdrücken zu lassen.

Auch werde ich mich nicht mehr auf dem Elternabend mit endlosem Gremiengeratter nerven lassen, das der Elternvertreter abfeuert, falls die Lehrerin ihn einmal zu Wort kommen lässt. Und in die Didaktik des frühen Fremdsprachenerwerbs lass ich mich auch nicht mehr einweisen, auch um die moderne Mathematik schere ich mich einen feuchten Kehricht. Mit den monatlich zwanzig Euro für die vier Klassenkassen, die ich füttern muss, fange ich etwas Besseres an:

Ich gehe mit meinen Kindern im Sommer täglich zum Eisessen, und im Winter kaufe ich mir jeden Monat einen neuen Lippenstift.

Statt um Mitternacht Marmorkuchen zu backen oder am späten Nachmittag in die Schule zu hetzen, weil die Lehrerin gerne ganz spontan einen gemütlichen Adventsbastelnachmittag veranstalten will, gehe ich mit meinen Kindern Schlittschuhlaufen oder schlafe ganz einfach mal aus. Ich höre auf, ständig eine Notbetreuung zu improvisieren und einen Plan B in der Tasche zu haben für den Fall, dass die Lehrerin gerne montags erkältungshalber fehlt und am Freitag nicht kommt, weil sie Rückenbeschwerden hat.

Ich werde auch nicht mehr darüber nachdenken, wie man den Kindern das systematische Lernen nahebringen kann. Weder in teuren Nachhilfestunden noch im eigenen Schweiße des Angesichts oder im emsigen Studium einschlägiger Ratgeber in Büchern und Zeitschriften. Denn das wird in der Schule passieren: Dafür haben die Lehrer den ganzen Tag Zeit. Um mit den langsamen Kindern das Schreiben zu üben und mit den schnelleren Lernplakate oder Lesetagebücher zu gestalten. Um den türkischen Kindern Deutsch beizubringen, den Leseschwachen die Rechtschreibung und den Überfliegern meinetwegen Kisuaheli oder Japanisch. In Gruppen, mit Spaß und Forscherdrang, Selbständigkeit und Erfolgserlebnissen. In Gruppenarbeit, als Team-Teaching oder Projektunterricht – das soll nicht mehr meine Sorge sein, denn das wissen die Experten doch längst besser, wie Lernen Spaß machen kann.

Wenn die Schule anders aussähe, dann könnten wir endlich loslassen, weil wir dann sicher sein dürften, dass unsere

Kinder in guten Händen sind. Wir könnten vom Handlanger und Hilfslehrer zum echten Erziehungspartner und Mitredner avancieren, dessen Stimme etwas wiegt. Gewählte Elternvertreter könnten mitbestimmen über Einstellung und Entlassung eines Lehrers und würden für ihr Ehrenamt vom Arbeitgeber freigestellt wie Schöffen und Wahlhelfer auch.

Und schon gar nicht mehr werde ich in die Schule hetzen und mich vom Lehrer, der am Pult sitzt und seine Machtinsignien um sich herum arrangiert, auf ein Stühlchen in der ersten Reihe plazieren lassen. Wenn es kein Besprechungszimmer mit Möblierung für gleiche Augenhöhe gibt, komme ich überhaupt nicht mehr. Ich lasse mir auch nicht mehr beibringen, wie viel meine Kinder von der Reformation wissen müssen, oder gönnerhaft verklickern, was genau ein Zahlenstrahl ist und wozu man den braucht. Wenn ich einen Lehrer sprechen will, lasse ich mich nicht abspeisen mit »Rufen Sie morgen noch einmal an, bringen Sie bitte Zeit mit, private Telefonnummern werden nicht herausgegeben« – sondern ich gehe einfach hin. Denn in der Schule, von der ich träume, treffe ich die Lehrer in der Zeit zwischen acht und sechzehn Uhr zuverlässig an ihrem Arbeitsplatz an.

Für die Lehrer, von denen ich träume, ist das eine klare Sache: Der Arbeitsplatz eines Lehrers ist das Klassenzimmer. Und meine Kinder, die etwas nicht verstanden haben, können sich auch an ihre Lehrer wenden. Die haben nachmittags Extra-Sprechstunden für Schüler, und es gibt einen schuleigenen Nachhilfeunterricht, in dem sich die Lehrer um die Kinder kümmern, die Schwierigkeiten mit dem Lesen, Rechnen und Schreiben haben. Es passt viel Lehrerengagement in einen normalen achtstündigen Arbeitstag. Und dann werden sich die Lehrer schon ganz selbstverständlich über ihre Schüler unterhalten – ganz einfach, weil sie mehr von ihnen mitbekommen. Sie würden ihren Schülern beim Lernen zusehen können, denn das kriegen sie ja bisher gar nicht mit: Vormittags wird unterrichtet, nachmittags wird zu Hause gepaukt. Wie das geschieht, kriegt der Lehrer ja nicht zu sehen. Von den Eltern, die genaue Auskunft über Stärken und Schwächen ihrer Kinder geben könnten, will er das auch gar nicht hören. So werden weder die Potenziale der Schüler genutzt noch die Ressourcen der Lehrer geschont und nur die Kräfte der Eltern überstrapaziert und ausgenutzt.

So weit sind wir jetzt. Die Kundschaft ist sauer und das Personal überfordert und frustriert.

Wenn wir die Schulen Deutschlands erneuern wollen, dann müssen wir wohl bei den Lehrern anfangen. Die neuen Lehrer, die wir bräuchten, wären dann die Besten eines Jahrgangs und nicht mehr die, denen nichts Besseres eingefallen ist.

Sie wären keine Kumpeltypen und auch keine in Routine erstarrten Fachbeamten, sondern sie würden sich endlich wieder als Erzieher verstehen, die sich vor Begriffen wie Autorität und Führung nicht mehr ekeln, sondern sie ganz selbstverständlich zu ihrem Berufsethos zählen. Schließlich wollen sie Pädagogen sein und sind sich bewusst darüber, dass sie einen der schwierigsten Jobs, den diese Gesellschaft zu vergeben hat, mit Persönlichkeit ausfüllen müssen. Sie würden sich dann allerdings nicht am Führertum auf der Grundlage des Kadavergehorsams alter Zeiten orientieren, sondern vielleicht an einer Art »charmanter Autorität«, wie der Schriftsteller Max Goldt das nennt.

Sie hätten sich auch vom Gedanken gelöst, Bildung sei etwas, was in die Liste sozialstaatlich zu verteilender Güter aufgenommen gehört und nach möglichst egalitären Verteilungsmustern unter die Leute gebracht wird. Dass Bildung immer ein Resultat individueller Anstrengung ist, würden diese Lehrer verinnerlicht haben und das Richtige daraus folgern: dass es ihre ureigene Aufgabe ist, Kinder dazu zu befähigen, diese individuelle Leistung zu vollbringen.

Schöner als die Lehrerin und Mutter Marga Bayerwaltes in ihrem Buch *Große Pause* hat das bisher noch niemand gesagt:

»Auf keinen Fall noch mehr schlechter Unterricht von schlecht ausgebildeten Junglehrern oder von schlecht gelaunten alten und kranken Lehrern. Weil wir sonst unsere Kinder zu Hause behalten. Und uns einmal aufraffen und das Schulehalten selbst in die Hand nehmen. Und dass wir darüber hinaus für einen Aufstand sorgen werden, ja dass wir einen Aufstand der anständigen Eltern anzetteln werden, indem sich landauf, landab die Eltern weigern, ihre Kinder in Schulen zu schicken, in denen sie unbehütet, unbeschützt, ungeführt herumtoben und nur als destruktive Masse wahrgenommen werden, die von Dompteuren, die selber Angst haben, notdürftig in Schach gehalten wird. Und die man deshalb am besten vor Computer setzt, denn vor den Flimmerkisten beruhigen sie sich noch am ehesten.

So wie ein Unrechtsstaat sein Recht auf das Gewaltmonopol verwirkt, so werden wir Eltern einem Staat, den unsere Kin-

der nur aus demographischen und wirtschaftlichen Gründen interessieren, in Zukunft die Zustimmung zur allgemeinen Schulpflicht verweigern. Und wir werden damit bis zum Verfassungsgericht gehen. Und wenn wir dort kein Recht kriegen, dann zünden wir die Schulen an.
Ich glaube, wenn Eltern so reden würden, würde sich schon ab morgen alles ändern. Aber leider reden sie nicht so.«

Und bei diesem Thema, liebe Frau Dorothea Sonnenstich, da kriege ich wirklich Herzklopfen. Nicht aus wirklichem Hass, sondern aus Enttäuschung über Ihre bunt angemalte, supertolerante und konfliktlösende Lilienweiß-Grundschule mit den vielen lieben Lehrerinnen – aber erst recht beim Gedanken an die anderen Schulen meiner Kinder, die den Anspruch weiterzuführen schon im Namen tragen.

Aber auch eine gehörige Portion Ungeduld treibt mir den Puls in die Höhe, angetrieben von der Hoffnung, dass der Funke endlich mehrheitlich überspringt: Bessere Lehrer für unsere Kinder, das wollen wir, und zwar sofort – weil sie es uns wert sein müssen.

⋆

In England muss man sich, wie fast überall auf der Welt, Landstraßen und Autobahnen mit großen Lastwagen teilen. Das ist manchmal ärgerlich, wenn man mit einem kleinen Auto unterwegs ist, manchmal sogar gefährlich und viel zu oft Grund für wildes Herzklopfen. Wie der Lastwagenfahrer fährt, ist keinesfalls nur seine eigene Angelegenheit, schließlich hängt von seinem umsichtigen Fahrstil viel ab.

Ganz ähnlich in den Schulen: Der Lehrer hat die mächtigste Position – seine Müdigkeit, seine Ignoranz, sein Egoismus, seine Gedankenlosigkeit schlagen sich unmittelbar in seinem Unterrichtsstil nieder.

Auf vielen englischen Lastwagen ist ein Aufkleber zu lesen: *How is my driving? Call …*

Mut zur Selbstkritik! Genau das wünsche ich mir von den Lehrern an den Schulen. Unterricht ist keine Privatsache, und es lässt sich durchaus beurteilen, was rüberkommt und was unter den Tisch fällt. *How is my teaching?* Das müssen Lehrer sich fragen lassen – von anderen Lehrern, von ihren Schülern und auch von den Eltern. Die könnten sich das Herzklopfen dann aufheben für Lebenslagen, die so viel Aufregung auch wert sind.

Es kann schließlich nur besser werden – also: Bitte, liebe Lehrer, macht endlich euren Job!

Nachwort

Was nach dem ersten Erscheinen des *Lehrerhasser-Buchs* geschah …

Wie ein geprügelter Hund kam mein damals achtjähriger Sohn an diesem Tag nach Hause. »Mama, ich habe dich verraten«, flüsterte er und begann auf der Stelle zu weinen. Ich erfuhr, dass seine Lehrerin ihm das *Lehrerhasser-Buch* vor die Nase gehalten und ihn angeherrscht hatte: »Das hat doch deine Mutter geschrieben!« Sein geflüstertes »Ja« hatte sie leider gehört, und jetzt wolle sie überall mein Geheimnis lüften, hatte sie gedroht – ein Geheimnis, das längst keines mehr ist: Unter dem Pseudonym Lotte Kühn habe ich das *Lehrerhasser-Buch* geschrieben – ein Buch, das zugegebenermaßen sehr subjektiv, sehr einseitig und sehr polemisch davon erzählt, wie Kinder unter der Schule leiden und wie nervenaufreibend das für die Eltern ist, die ihre Kinder durch die Schuljahre begleiten. Geschrieben in der Stimmung, die einen zuweilen auf dem Heimweg vom Elternabend ergreift. Oder nach einem absolut sinnfreien Gespräch mit einem Lehrer, der einen mal wieder nach allen Regeln der Kunst des Abwiegelns, Ausredenerfindens und Abschmetterns hat auflaufen lassen. Oder mit dem Gefühl, das einen zu überwältigen droht, wenn das eigene Kind von der Schule erzählt und dabei gleich wieder anfängt zu zittern vor ohnmächtiger Wut, Empörung oder Scham, weil der Lehrer es bloßgestellt, herabgesetzt und lächerlich gemacht hat. Und am nächsten Tag muss das Kind wieder dort hingehen, denn es gibt in Deutschland die Schulpflicht. Deshalb sollten sich Lehrer vielleicht hin und wieder die Frage stellen, wie viele Schüler ihren Unterricht überhaupt besuchen würden, wenn sie dort freiwillig hinkommen könnten.

Mein Jüngster jedenfalls verkündete nach diesem Geständnis zutiefst eingeschüchtert, dass er nie wieder in die Schule gehen wolle. Denn jetzt habe er Angst, dass Frau Friedensreich-Bedürftig wieder auf ihm herumhacken und die anderen Kinder ihn auslachen würden. An diesem Wochenende fanden wir zu keinem anderen Thema mehr, nachts wollte er wieder in meinem Bett schlafen, obwohl er diese tröstliche Gewohnheit eigentlich schon fünf Jahre zuvor aufgegeben hatte. Auch den anderen drei Kindern, damals fünfzehn, dreizehn und zehn Jahre alt, war mehr als mulmig vor dem Schulbesuch am Montagmorgen.

Sie sind dann aber doch hingegangen, nachdem ich jedem einen Stapel meiner Visitenkarten ins Federmäppchen gesteckt hatte, damit sie im Falle von Nachfragen auch ohne Worte an mich verweisen konnten. Den Jüngsten brachte ich in die Schule und legte fraglicher Lehrerin nahe, sich künftig bitte angemessen und professionell im Umgang mit achtjährigen Schülern zu verhalten, sich bei Fragen zu meiner Berufstätigkeit getrost an mich zu wenden und meinen Sohn zu verschonen. Er schlotterte an meiner Hand und flüsterte: »Oh, Mama, du traust dich ja echt was!«

Jetzt blieb nur noch zu hoffen, dass meine Kinder nicht unter meinem Buch zu leiden hätten. Ich hoffte leider vergeblich. Jeder der vier hat in den folgenden Wochen sein Fett abgekriegt, und so haben sie am Ende alle gelernt, sich gegen Lehrer zu verteidigen, die ihnen eins auswischen wollen.

Was im Klassenraum wirklich vor sich geht, bleibt den Augen und Ohren sowohl von Eltern als auch Lehrerkollegen verborgen. Und was die Kinder erzählen, glaubt man ja meist sowieso nicht – vor allem denen der anderen Eltern nicht. Wenn Eltern dann doch das eine oder andere aufgreifen und beim Elternabend ansprechen, gelten sie in den Augen der Lehrer schnell als hysterische Brutglucken, überengagierte Väter oder neuerdings gar als Helikopter-Eltern.

Schüler können nur sagen, ob sie gern in die Schule gehen und sich dort gut aufgehoben und unterstützt fühlen, ob ihnen das Lernen Freude macht. Eltern machen sich Sorgen, ob die Kinder in der Schule das lernen, was sie nach dem letzten Schultag brauchen, um im Berufsleben bestehen zu können. Und Eltern wünschen sich natürlich auch, dass ihre Kinder von den Lehrern gut behandelt werden. Deshalb stellen sie manchmal Fragen, machen Vorschläge, schreiben E-Mails, greifen zum Telefon oder räuspern sich auf dem Elternabend. Nur: »In die Karten schauen lassen sich die Lehrer höchst ungern«, schrieb 2005 der Journalist Jochen Leffers bei *SPIEGEL Online*. »Lieber überlassen sie es ihren Verbandsvertretern, an der Legende vom wackeren Individualisten zu stricken, der zänkischen Eltern und pöbelnden, verwöhnten Konsumkids unerschrocken Paroli bietet.«

So weit weg von der ganzen Schulwirklichkeit ist das *Lehrerhasser-Buch* offensichtlich nicht gewesen – und so ist es bis heute, wenn auch in meinem glücklichen Fall mit abnehmender Intensität, denn die letzten anderthalb Jahre der Schulzeit meiner Kinder sitze ich jetzt einfach nur noch ab. Doch aus Erfahrung – aber auch aus Tausenden von E-Mails, Briefen und Anrufen, die mich bis heute immer noch erreichen – weiß ich, wie wenig sich in den letzten Jahren verändert hat. Gut, beim G8 wird mittlerweile zurückgerudert, und manche Gymnasien bieten die acht- und die neunjährige Variante an. In Grundschulen bröckelt die Gläubigkeit ans Jahrgangsübergreifende Lernen (JÜL), manche sind längst zu Jahrgangsklassen zurückgekehrt. Und noch immer kann man kaum von Berlin nach Bayern ziehen, ohne dass die Kinder sitzenbleiben. Doch spielentscheidend für einen positiven Eindruck von Schule ist weniger das System als vielmehr die Menschen, die den Schulunterricht abhalten.

Ich gehe davon aus, dass jeder Lehrer seinen Berufsweg mit dem Wunsch angetreten hat, seinen Beruf gut zu machen und den Kindern etwas beizubringen. Und vielleicht wäre schon viel gewonnen, wenn es den schlechten Lehrern gelänge, diesen Wunsch in ihrem Herzen wiederzubeleben. Genau wie in den Herzen der Schüler das Bestreben zu verankern, gerne zu lernen. Doch lieber klagt man über Schüler – und es gibt originellere Vorwürfe, als 14-Jährigen ihre schwierige Pubertät anzulasten. Kein Kind schreibt gerne falsch, kein Kind kassiert gerne schlechte Noten. Kein Kind ist gerne schlecht in der Schule.

Ich hab's gut, ich hab's bald geschafft und kann dann milde auf den vergeblichen Kampf gegen Windmühlen zurückschauen. Mehr Sorgen machen mir die anderen, die Lehrer, die mir im Geheimen sagen: »Ich fürchte den Zorn der Kollegen, wenn ich Ihnen öffentlich zustimme.« Und die Eltern, die meinen: »Es würde meinem Kind schaden, wenn ich was sage, also bin ich still.« Dass dahinter immer wieder die Schulerfahrung eines traurigen, dauerhaft frustrierten und in seiner Seele verletzten Kindes aufscheint, berührt mich immer noch, genau wie die grassierende beamtoide Erstarrung mich bis zum heutigen Tag zur Verzweiflung bringt.

PS: Am Abend desselben Tages, der mit Unterrichtsausfall begann, verabschiedete sich mein 16-jähriger Sohn um acht, um mit seiner Clique bei einem Freund Filme zu gucken und dort zu übernachten. Um neun war er schon wieder da. Er hatte sich mit einer Freundin gestritten, die ihm von ihrer Mutter ausrichten ließ, dass sie Grundschullehrerin sei und das *Lehrerhasser-Buch* scheiße fände. Mein Sohn fragte routiniert zurück, ob sie es denn gelesen habe, was das Mädchen empört verneinte: So einen Mist solle sie nie lesen, habe ihre Mutter gesagt. Ein Wort gab das andere, es kam zum Streit zwischen meinem Sohn und dieser Freundin. Die Frage, ob man ein Buch verurteilen dürfe, ohne es gelesen zu haben, konnte nicht einvernehmlich geklärt werden, worauf mein Sohn sich entschied, den lustigen Filmeabend zu verlassen und diese Freundschaft abzuhaken. Kein Wunder, denn diesen Blödsinn hat er schon zu oft gehört, wie seine drei Geschwister auch, und zwar immer von Lehrern. Zurück bei mir, tippt er sich an die Stirn: »Stell dir mal vor, wir würden das in der Schule machen. Über Bücher schimpfen, die wir nicht gelesen haben. Die Lehrer würden uns doch fertigmachen!«

Ruth und Benjamin Prüfer

Mathe für Mamas und Papas

So helfen Sie Ihrem Kind beim Lernen

Wie geht noch mal das schriftliche Multiplizieren? Warum ist es so schwer, die Uhr zu lernen? Und was war noch mal ein Tetraeder? Wenn die Kinder in die Schule kommen und bei den Mathehausaufgaben Hilfe benötigen, ist oft guter Rat teuer.

In diesem Buch finden Eltern, die selbst keine Rechenkünstler sind, leicht nachvollziehbare Erklärungen, spielerische Übungen und lustige Knobelaufgaben rund um den Lehrstoff in deutschen Grundschulen. So klappt es nicht nur mit der nächsten Schularbeit, sondern Eltern und Kinder sehen, dass Mathe sogar Spaß machen kann.

Ein Buch, das Eltern – und Kindern – den Schrecken vor den Mathehausaufgaben nimmt.

KNAUR